[白金升级版]

少有人走的路

PEOPLE OF THE LIE

❷勇敢地面对谎言

[美] M·斯科特·派克/著 (M. Scott Peck)

尧俊芳/译

中国商业出版社

图书在版编目（CIP）数据

少有人走的路. 2，勇敢地面对谎言 /（美）派克(Peck,M.S.）著 ; 尧俊芳译. -- 北京 : 中国商业出版社，2013.7

ISBN 978-7-5044-8167-2

Ⅰ. ①少… Ⅱ. ①派… ②尧… Ⅲ. ①人生哲学－通俗读物 Ⅳ. ①B821-49

中国版本图书馆CIP数据核字(2013)第151223号

北京市版权局著作权合同登记
图字：01-2013-6252

责任编辑：孙启泰

中国商业出版社出版发行
010-63180647 www.c-cbook.com
（100053 北京广安门内报国寺1号）
新华书店总店北京发行所经销
北京画中画印刷有限公司印刷
★
640×960毫米 16开 15.5印张 160千字
2013年10月第1版 2015年3月第3次印刷
定价：32.00元
★★★★★
（如有印装质量问题可更换）

中文版序

每个人心中都有两只狼

在冰雪茫茫的北方，有一个古老的民族，流传着一个古老的故事——

一天晚上，老爷爷与孙子们围炉夜话，老爷爷说："孩子们，在人们的内心深处，一直住着两只狼。这两只狼一直在进行着一场激烈的战斗。一只是恶狼，它代表着畏惧、虚伪和谎言；另一只是善良的狼，它代表着勇敢、诚实和爱。"

听完爷爷的话后，孩子们沉默不语，若有所思。

过了一会儿，一个孩子问道："最后，哪只狼赢了呢？"

饱经沧桑的爷爷回答道："你喂过的那只！"

如果说《少有人走的路：心智成熟的旅程》，是在告诉我们如何喂养心中那只善良的狼，那么，《少有人走的路2：勇敢地面对谎言》则是在剖析心中那只恶狼。

喂养善良的狼的方法是自律。

自律有四个原则：推迟满足感、承担责任、忠于事实和保持平衡。这些原则能让我们勇敢面对问题和痛苦，竭尽全力克服困难、解决问题。自律的原动力是爱，爱能推动我们心灵的成长和心智的成熟。

然而，在人们的心中还住着一只恶狼。这只恶狼随时都想控制我们的心灵。那么，这只恶狼有什么样的习性，它又如何影响我们的人生和命运呢？在本书中，作者一针见血地指出，喂养恶狼的食物是谎言。为什么谎言会让人变得邪恶呢？因为谎言的本质是掩盖真相。从本质上来看，人之所以掩盖真相，是不愿意承受面对问题和解决问题所带来的痛苦。在逃避问题和痛苦的过程中，人会惊慌失措，颠倒是非，变得疯狂和邪恶。所以，邪恶是由颠倒是非的谎言产生的。这就像单词“生命”——live，如果颠倒过来，就变成了“邪恶”——evil。

人为什么要用谎言把好端端的生命颠倒过来，变成邪恶呢？最大的原因是生命中充满了问题和痛苦，正如作者第一本书的开篇所写：“人生苦难重重！”很多人不愿意去承受人生中这些正常的痛苦，一心想要逃避。然而，问题和痛苦不会因你的逃避而消失，如果你选择逃避，它们就会变一种形式，以更可怕的面目出现。结果便是：你不解决问题，你就会成为问题。

成为问题的人，最大的问题是用谎言扭曲了心灵。扭曲的心灵就像一面哈哈镜，无法让我们看清自己本来的样子。心灵扭曲的人不能正确看待外面的世界，也不能客观评价自己，常常干出一些邪恶的事情。

药家鑫的心灵扭曲了，他不敢面对真相，为了逃避责任，不让伤者看清自己的车牌号，竟然残忍地向伤者捅了 8 刀。

林森浩的心灵扭曲了，他始终在用一面凹凸镜看待外面的世界，他把自己在人际关系上遭遇的挫败感归咎于别人，认为是别人的问题，而不是自己的问题，结果心生怨恨，居然在复旦大学干出了向室友投毒的事情。

陈水总的心灵扭曲了，他无法正确处理自己面临的问题，公然制造了厦门公交爆炸案，夺走了 47 人的生命。

……

哪里有扭曲的心灵，哪里就有邪恶。但值得注意的是，扭曲的心灵是由谎言导致的，哪里有谎言，哪里就有扭曲的心灵。如果继续追问，我们便会发现，一切谎言都是为了逃避问题和痛苦，哪里在逃避问题和痛苦，哪里就有谎言。

斯科特·派克说："所谓心理治疗，其实就是'鼓励说真话的游戏'，心理医生最重要的任务，就是让患者说出真话。长时间自欺欺人，使人的愧疚积聚，就会导致心理疾病。"

所以，如果一个人的心中有太多的谎言，就会把心中那只恶狼喂得膘肥体壮，驱使人在邪道上狂奔。鼓励说真话的游戏，既是一条通往心智成熟的道路，一条成为圣人的路，也是一条消除邪恶之路。不过，要踏上这条道路，首先需要我们诚实。扪心自问，你是一个诚实的人吗？你有过"装"的时候吗？你欺骗过别人和自己吗？

真正勇敢的人是敢于面对自己内心的人。只要我们勇敢面对自己的问题和痛苦，不选择逃避，不选择谎言，就一定可以摆脱掉心中那只恶狼的追赶，迎来光明的人生。

People Of The Lie

目录

9 第一章

谎言是心理疾病的根源

那些可怕的念头，为什么挥之不去? 12

逃避生活中的痛苦，必将承受心理疾病的痛苦 17

你不解决问题，你就会成为问题 22

为了逃避痛苦，人选择了谎言，扭曲了心灵 30

解决了逃避问题的问题，你才能解决其他问题 39

43 第二章

有没有罪恶感，是善与恶的分水岭

把生命颠倒一下，就变成了邪恶 45

没有罪恶感的人穷凶极恶，逃避罪恶感的人邪恶 49

父母逃避自己的错，孩子就会出大错 52

不在压抑中死亡，就在压抑中疯狂 63
如何识别伪善之人，远离邪恶 76

81 第三章

压制别人，就是邪恶

控制欲强的父母会培养出抑郁的孩子 84
孩子偷窃常常不是为了财物，而是因为压抑 94
邪恶总是隐藏在谎言中 110
压制别人，就是邪恶 115

119 第四章

恶，总是出现在需要爱的地方

要敞开心灵，但不要把心灵交给对方管理 122

People Of The Lie

目录

不敢面对自己，才会去控制别人 139
爱需要一个空间，否则便会感到窒息 143
母亲让女儿离不开自己，这不是爱而是恶 155

171 第五章 从小缺乏爱，长大就容易变坏

恶性自恋的人，常常藏得很深 173
雪莉所说的爱，更多的是一种控制和操纵 178
自闭，是更高程度的自恋 189
不愿意放弃病态的自我，是觉得病态的自我很好 198
不放弃病态的自我，人就会变得邪恶 204
内心没有安全感，就想去控制外面的一切 209
没勇气正视过去，就不会有未来 212

219 第六章
勇敢地面对谎言

为什么天使会变成魔鬼 | 222
过分依赖集体，个人的心智就会退化 | 228
一个人疯了不可怕，一群人疯了才可怕 | 231
一群人疯了可怕，但最可怕的是整个国家都疯了 | 233
勇敢地面对谎言 | 239

为了逃避痛苦，人选择了谎言；
为了谎言，人扭曲了心灵。

第1章

People
Of The Lie

谎言是心理疾病的根源

在《少有人走的路：心智成熟的旅程》中，我说过，人的一生需要面对许许多多问题，问题让我们痛苦，一个问题解决之后，新的问题马上又会出现，让我们继续陷入无尽的痛苦。人生其实就是一个不断面对问题和解决问题的过程。所以，我们说：“人生苦难重重！”

不过，令人欣慰的是，只要接受了人生苦难重重的事实，我们就能从苦难中解脱出来，实现人生的超越。人正是在承受痛苦和解决问题的过程中，心灵才得以成长和成熟。如果害怕面对问题，畏惧承受痛苦，一心想要逃避，那么我们虽然能够逃避人生正常的痛苦，却会承受心理疾病这种非正常的痛苦。荣格说：“神经官能症，是人生痛苦常见的替代品。”所以，逃避问题和痛苦是一切心理问题的根源。你不解决问题，你就会成为问题！

那么，人具体是如何逃避问题和痛苦的呢？或者说，人是用什么方式在逃避问题和痛苦呢？简单地说，就是谎言。谎言的本质是掩盖真相，颠倒是非，人正是用它来逃避自己面临的问题和需要承受的痛苦。比如，明明是自己打碎了父亲心爱的花瓶，但由于害怕父亲的训斥或打骂，我们却谎称是猫干的，以此来逃避责罚。既然谎言的目的是为了逃避痛苦，所以，我们也可以说，谎言是心理疾病的根源。

为什么大多数心理疾病都要追溯到童年呢？这是因为童年时，人还没有面对问题和承受痛苦的能力，如果这时没有获得足够的爱，甚至还遭到虐待，人就会用谎言来逃避痛苦。比如人在孩童时代遭到父母的虐待，他们幼小的心灵往往无法面对这样的问题，更不堪承受这样的痛苦，于是便会用说谎的方式来逃避。这些孩子会压抑自己内心的痛苦和恐惧，并将其封存进潜意识，而在意识中却强迫自己相信："爸爸妈妈非常爱我，非常关心我！"谎言虽然使这些孩子在意识中暂时忘记了被虐待的痛苦，但遗憾的是，这些痛苦并没有就此消失，被压抑在潜意识里的痛苦和恐惧始终存在，它们会以一种奇特的方式表达出来，这一方式就是心理疾病。所以，作为父母，我们应该给予孩子真正的爱，缺乏了爱，孩子无法承受内心的孤独、寂寞、恐惧和痛苦，就会选择用谎言来逃避。

在长期的从医生涯中，我发现几乎每一位患者都会刻意隐瞒某些真相，因为那些真相曾经让他们非常痛苦，他们虽然用说谎的方式暂时避免了痛苦，却不得不去承受另一种长期的痛苦——心理疾病无尽的折磨。

从根本上来说，心理治疗是要让人把曾经逃避的痛苦说出来，它既是一种鼓励说真话的游戏，也是一种揭穿谎言的行为。换一句话说，心理治疗就是要让那些隐藏在潜意识中的真相浮现到意识之中，让我们重新体验它带给我们的痛苦，这样才能解开心结，不生活在自欺欺人之中。童年时，我们没有能力去面对问题和痛苦，因而选择了逃避，现在我们长大了，就要勇敢去面对真相，承受痛苦。唯有如此，我们才能真正解决属于自己的问题，让心灵获得成长。否则，曾经逃避的痛苦会一直驱赶着我们，让我们不得安宁。下面，乔治的案例就生动地说明了这一点：你想逃避痛苦，你就会更加痛苦。

那些可怕的念头，为什么挥之不去？

10月初的某个下午，对乔治而言，是生命的一个转折点。因为在此之前，他一直认为自己是一个无忧无虑的人，他有着正常人的思想和情感，像正常人一样思考着；他会像普通已婚男人一样，担心家里的房子会不会突然漏水，或者是院子里的草坪能不能得到及时修理，诸如此类。乔治是一个有洁癖的人，他苛求任何事情都能够井然有序，草坪里的草稍微长高了一点、墙壁上的漆略微有些瑕疵，他都会挂念不已、精神紧张。乔治不喜欢黄昏时分落暮的余晖，每至夕阳西下，他的心中总会莫名地顿生出一股伤感与恐惧，但这种情绪持续得并不太久，有时甚至不着痕迹！

乔治天生就是个一流的推销员，他英俊潇洒、能说会道、从容淡定、和蔼可亲。他所推销的产品类似于饮料的塑胶盖子之类，全国有五家公司生产该类产品，市场竞争非常激烈。两年前，乔治从一位杰出的销售人员手中接管了公司划定的销售区，当时，几乎所有的人都认为他无法超越前任，因为那个家伙实在太出色了。但在两年的时间里，乔治秉持“重信义、恪操守”的原则，工作尽心尽力，创造了比前任销售员多出三倍的销售额。紧接着，他一举拿下了覆盖美国东南部的整片销售区的代理权。34 岁的他，却已经事业有成，薪资丰厚，6 万美元的年薪在当时一般人看来，简直是望尘莫及。

然而，在一次出差途中，乔治的问题终于爆发了。

那是一个秋天，公司派他前往蒙特利尔参加塑胶制品年会。从未亲眼领略过北方秋景的乔治夫妇决定一同前往。蒙特利尔的秋景是如此怡人，乔治抓紧会后的空闲时间，陪着太太克劳迪娅一起游赏。会期最后一天的下午，他们参观了大教堂。虽然乔治的母亲笃信宗教，但乔治本人却对宗教极度反感，他从小忍受着母亲近乎疯狂的宗教信仰，受够了教堂里的幽暗气氛，而妻子克劳迪娅也不是特别虔诚的教徒，他们在教堂里随便转了一圈就出来了。走出教堂时，乔治瞥见大门附近立着一个小型捐款箱，他停下了脚步，陷入了迟疑。一方面，他一点儿也不想把钱捐给任何一座教堂的任何一个捐款箱；另一方面，他又很恐惧，他怕不捐钱冥冥之中会受到惩罚，给他稳定的生活造成威胁。这种恐惧令他不知所措，最终他决定：把口袋里数额不多的零钱全部捐出去，就当买了一张进出博物馆或游乐园的门票一样。他的零钱果然不多，乔治数了数，55 分硬币，他全部投进了捐款箱。

然而，就在那一瞬间，一个意念猛然闪过乔治的心头，这是第一次，它像晴天霹雳一般真实，使他茫然不知所措。这个意念就像是刻在心口的魔咒："你活到 55 岁，就会死！"

乔治惊慌地从口袋里掏出皮夹，皮夹里塞满了旅行支票，只有一张五元、两张一元的钞票。他慌乱地把钱全部塞进了捐款箱，拉着克劳迪娅的手，径直冲向门外。克劳迪娅惊慌地问他怎么了，他谎称身体突然不适，想赶紧回饭店休息。惊魂未定、神志不清的乔治对于自己是怎么从教堂的台阶上走下来，又是怎样坐上出租车的，已是全然不知。回到饭店后，他才慢慢地从惊慌中淡定下来。但在第二天的归途中，他竟然彻底走出了恐惧的阴影，把这次意外的惊魂抛到了九霄云外。

两星期后，乔治驾车前往肯塔基州洽谈业务，沿途看到“前方有弯路”、“限速每小时 45 英里”的警告标志。驶过标志牌时，他的眼前闪过几个鲜红，不，是血红的大字，它们就像镌刻在脑海里一样：“你 45 岁就会寿终！”

接下来的一整天，乔治都心绪不宁。他试着用乐观、积极的态度安慰自己：这两次的不安都与数字有关。但数字只是数字，它并不能代表什么，一次 45 岁，一次 55 岁，倘若确有其事，两次的数字怎么会不一样呢？既然如此，我也没必要为这无关紧要的数字而忧心忡忡了。于是，第二天，他一如往常平静地工作、生活。

又过了一个星期，乔治开着车，当路标提示他已经驶进北卡罗来纳州普顿市时，他的脑海中第三次闪过了不安的意念：“一个叫做安普顿的人会来杀你！”这次，乔治真的开始害怕起来了。两天后，当他驾车驶过一处废铁道时，一个声音警告他：“只要你一走进那栋大楼，屋顶就会坍塌，你会被压死！”

从此以后，乔治几乎天天都被这些恶念缠绕着，它们常常浮现于开车途中，或是拓展业务之际。这些恶念使他失去了活力，上班心不在焉，什么玩笑都不敢开，食不甘味，夜不能眠。而且每当出差的那天早上，他更是惴惴不安。也许在开车驶过隆诺克河的途中，他还心情平静，可是一过了河，恶念却如闪电般袭来："这是你最后一次驶过那座桥，下次你经过这座桥时，就会死亡！"

乔治想把心中的顽念告诉太太克劳迪娅，可他又怕说出来会被太太嗤之以鼻，更怕太太说他神经病。思量再三，他仍旧难以启齿。夜深人静之时，当乔治还在与恶念搏斗，迟迟不能入睡，而枕边却传来太太阵阵恬淡的鼾声，这使得他开始对克劳迪娅心怀妒恨。乔治要经常往返隆诺克河上的那座大桥，他盘算了一下，如果避开这座桥，他每月就得多绕几百英里，还会因此丢掉几个客户，这太可笑了！他不想让这些荒谬的恶念扰乱自己正常的生活，但另一方面，他又担心这并不是无中生有，害怕自己因为一时的疏忽造成一生的遗憾。终于，乔治想到了对策，他能证明这不是真的——他再到隆诺克河大桥去一趟，如果仍能毫发无伤地活着，就证明那些可怕的念头都是假的。但如果恶念成真，那……

凌晨两点，乔治下定了决心：与其苟且偷生，不如拼死一搏。他偷偷摸摸地溜出家门。从家出发到隆诺克河大桥有73英里，一路上他战战兢兢。黑暗中，隆诺克河大桥隐约现出了桥形。乔治紧张得快要窒息，但还是勇敢地把车开上了桥。开过桥两英里远时，他又把车掉转，再度驶回桥上，一切安然无恙。他兴奋地吹起了口哨，得意地往回家的方向驶去。虽然一夜没合眼，天亮才到家，但两个月来，他第一次这么精神、畅快：心中的石头总算落了地。

可没想到，第三天晚上，乔治又被另外的恶念纠缠，使他不得不午夜又偷偷回到恶念现场，去求证恶念是否真实。因为当天下午乔治出完差回家，途经费耶特维尔市时，他遇到了一处深坑。顿时，可怕的念头又一次燃起："下一次，在深坑被填满以前，你的车子将会一直开进坑底，而你也将命丧于此。"起初，乔治不以为然，甚至觉得这个念头很可笑。因为他三天前刚刚证实过这些念头子虚乌有，根本没有必要在意。但当晚，他又失眠了。他焦虑不安，更不知所措。虽然隆诺克大桥事件并不属实，但这丝毫不能表明，新冒出来的"在深坑中惨死"的恶念不是事实。或许隆诺克大桥事件只是个安全的假象，而他命中注定要葬身深坑？他越想越害怕，越想越睡不着！

也许让隆诺克大桥求证事件重演一遍，回到深坑确认一番，他才可以安心一点。但事实上，这样做并没有什么意义。就算这一次他确认之后又是安然无恙，但难保下一次荒谬的念头不会闪现。难道每一次他都要回到现场去确证吗？然而，忧心到无以复加的乔治还是推倒了理性的旗帜，又一次在黑暗中整装，偷偷地溜出了门。虽然觉得自己像个傻瓜，但当他将车开到费耶特维尔市，把车停在深坑口边时，安然无事的他惊讶地发现——他悬着的一颗心真的放下了许多，自信也再次复燃。回到家后，他倒头就睡，一夜无梦。

但是，接下来，每隔一两天，在开车的途中，乔治的脑中都会闪现一种新的死法。慢慢地，他的病症显现出了一个固定的模式，他开始焦虑不安，病情更是每况愈下。每一次，乔治都会折回引燃他可怕念头的现场，得到确证之后，他的心情才会得以平复，但是第二天，他又故态复萌，周而复始地重演着求证的画面。

就这样，乔治忍受了六个多星期如此这般的精神折磨，每隔一夜，他都会开车到北卡罗来纳州的农村去转一圈。渐渐地，他的睡眠时间越来越少，体重也下降了15磅。他对出差、洽谈业务这些事情充满了恐惧，因此他的客户开始对他抱怨不休，他的业绩也大幅滑落。二月的某个夜晚，乔治终于崩溃了。他泣不成声地向克劳迪娅诉说了自己内心的煎熬与痛苦，于是第二天早上，克劳迪娅便通过朋友的介绍，找到了我。当天下午，我开始了与乔治的第一次见面谈话。

逃避生活中的痛苦，必将承受心理疾病的痛苦

我告诉乔治，他所患的正是典型的“强迫妄想型神经官能症”：让他备受折磨的“恶念”，就是心理医生所说的“妄想”；而必须回到现场求证的这种“行为”，即是一种“强迫行为”。

乔治听了大吃一惊，他激动地说："你说得太对了，我真的是被强迫的。我一点儿都不想回到那个令我恐惧不安的地方，我觉得这样很可笑，我什么都不愿想，只想好好地睡一觉，但是我根本做不到。似乎冥冥之中有一股强大的力量逼着我去胡思乱想，强迫我半夜起床回到现场求证。你知道吗？我真的是被逼着去的，我身不由己，根本没办法控制自己。就因为这样，我每天的睡眠时间被无情地剥夺了，内心彻夜都在交战，我不停地问自己：到底应不应该去求证？这种'强迫行为'的病症，比你所说的那个什么——'妄想'，还要严重！这真是要了我的命！我真的快要疯了！"突然，乔治停了下来，他焦急又无措地望着我，问："我是不是真的疯了？"

"不！"我答道，"虽然我对你了解得还不够深，但从表面上看，你并没有什么明显的精神错乱的症状，情况与那些严重的患者相比，并不算糟糕。"

乔治迫不及待地问："你的意思是说，也有人像我一样患有'强迫妄想'的病症吗？难道他们的那些疯狂的行为都不算'疯'吗？"

"没错！"我回答，"他们或许和你不同，或许不是被死亡的念头死死缠绕，或许表现出来的受迫行为也不一样。但是你们所患的病症显现出来的行为模式，却如出一辙——同样是先萌生出妄念，再做出根本不想做的事。"接着，我给他举了几个更为常见的妄想症案例。我告诉他，有些人会因为不能确定大门是否上锁，而焦虑不安，最后，他们不得不折回家中检查。因此，对他们而言，离家外出度假是一件很艰难的事。“我就是这样！”很明显，乔治深有感触，他激动地说，“每次临出门前，我甚至得检查上三四遍，直到确定炉子里的火已经灭了！太好了，那你的意思是说我和正常人没什么两样吗？”

“乔治，我并不是这个意思，你和正常人还是不一样的。”我说道，“虽然许多人——通常是功成名就的人——常常会缺乏安全感、患得患失，但他们不至于严重到被这些不安困扰到整夜都难以入眠。而你，很显然已经被这些妄念折磨得心力交瘁，失去了生命的活力。虽然你的这种症状，尚有药可救，但从心理治疗的角度而言，你的病症并不好治愈，这可能需要花费很长的时间。倘若你不接受全方面的治疗，恐怕你的无助和恐惧将难以真正消除。”

三天后，乔治第二次来就诊，但这次他好像完全变了一个人似的。第一次就诊时，他近似哀怜地向我哭诉，渴望从我这儿获得安慰；然而，现在的他却信心十足，淡定从容，满不在乎，简直就是一副玩世不恭的形象。我试图多打听一些他的生活现状，但是效果不佳，他不愿意过多提及他的工作和生活。

“派克医生，除了仍然会有一些妄想和个别受强迫的行为以外，我真的没有什么其他烦心的事。而且上一次就诊以后，我已经痊愈了。噢，当然，我承认，对于某些事情，我还是很在乎的，但这和忧虑、焦躁完全不同。就像我会关心是今年暑假粉刷房子，还是明年暑假再刷一样，我只是单纯地在关心这件事情而已，并没有因此而焦虑不安。虽然我在银行的存款不少，生活无忧，但我还是很担心孩子们以及他们在学校里的表现。大女儿黛比，今年13岁，该戴牙齿矫正器了；老二乔治，11岁，成绩平平，但这并不意味着他有智障，或者大脑发育不全，他只是对体育更有兴趣而已；小儿子克里斯，才6岁，刚入学，你如果说他是我的‘心肝宝贝’，那一点儿都不为过。我必须承认，在心里我偏爱小儿子克里斯，但我掩饰得很好，尽量不表现出来——所以，这并没有引起什么争端。我的婚姻幸福，家庭生活也很安定和谐。噢，对了，克劳迪娅偶尔会使使小性子，以至于有些时候，我甚至会认为她是个泼妇。但你知道的，很多女人都有这样的时候，就是生理期内的情绪正常波动。哦，我猜是这样的，我猜所有的女人都一样。”

“至于我们夫妻间的性生活？嗯，还可以。有的时候因为克劳迪娅像个恶婆娘似的乱发脾气，我们俩都没心情做爱——这应该算是正常的反应吧！但除此之外，我们在性事方面并没有什么问题。”

“我的童年？嗯，也还行，但并不是一直都很快乐。我的父亲英年早逝，但这并没有对我造成多大的困扰，因为妈妈一直都在努力给我完整的爱，她是一位好母亲。我对她唯一的抱怨就是，她是一个过分虔诚的教徒，总爱拉着我陪她一起上教堂。然而这样的情形，在我上大学后就没有再发生过了。我还有个妹妹，虽然她比我小两岁，但我们得到的是同样的呵护。我的家庭并不是很富裕，但生活还算过得去。外公、外婆比较富有，他们一直在资助我们。至于祖父母，我对他们并没有多少了解。”

“噢，我想起来了，我们上次就诊时说到的‘强迫行为’，这唤醒了一些我儿时的记忆。我记得大约在 13 岁，我也得过这样的病。但我想不起来发病的原因，只是记得当时我的心里有一种可怕的念头——如果我每天不去触摸某些岩石，外婆就会死掉。其实，那并不是什么大不了的石头，只不过是从家到学校途中的一块岩石，我只需要记得每天去摸摸它就可以了。正常上课日，我上学来回的路上，只要随手摸一摸，就行了；可一到双休日，这就成了问题。我记得那个时候，我持续了将近一年的时间，每天都要抽空去摸摸它。但后来是如何摆脱这个困扰的，我已经不晓得了，可能一切都是顺其自然，就像日常生活的其他方面一样，这本身也不过是生活的一部分罢了。”

“这个记忆令我蠢蠢欲动，说不定我也即将摆脱最近的这些恶念的缠绕，结束毫无意义的强迫行为。而且，自从我们上次见面之后，我一次也不曾发作过。我想，可能我已经痊愈了。这次来，我只是想像上一次那样，和你静静地聊一聊。如果你也愿意的话，我会很感激你的。你可能无法想象当我得知自己并不是一个疯子，而且也有人和我一样会产生很多可笑的念头的时候，我心里有多安慰。但或许正是因为这样，我的病就好了。我想，我所需要的，正是你们所谓的心理治疗。我很赞同这种方法，但或许现在我还可以通过自己的力量来摆脱现在的梦魇。如果是这样的话，我再来找你治疗，似乎就显得浪费时间了。所以，现在我不想预约下次应诊的时间，我想还是静观其变。如果我的强迫妄想症又犯了，那个时候我就会考虑继续接受治疗。但此时此刻，就暂时让它成为过去吧！”

根据我的经验，乔治之所以会出现心理问题，是因为他逃避了自己本来应该承受的痛苦，并试图用谎言掩盖令他痛苦的真相，但这些在意识中被涂抹掉的痛苦却会变换一种形式来折磨他。所以，一个人逃避了生活中的痛苦，就会承受心理疾病的痛苦。至于乔治逃避的是什么样的痛苦，我现在还不得而知，但可以肯定的是，他一直都在回避自己的问题，不愿意承受痛苦，也没有勇气去面对真相。我试图开导乔治，因为在我看来，他的改变并不大，而且我怀疑他的病症短期之内还会复发。但乔治似乎心意已决，坚持要放弃治疗，显然只要他感到轻松自在，便不会再继续接受诊疗了。因此，我没有再坚持与他争辩，只是向他表示，我能够理解他打算静观其变的做法，同时我也随时欢迎他再回来找我。现在看来，我唯一能采取的对策就是——等。

而我，不需要等待多久。

你不解决问题，你就会成为问题

显然，乔治的玩世不恭实际上是一种不愿解决问题的逃避心理，他天真地以为通过这种方式就可以忘记痛苦，把痛苦从意识中驱赶出去。我们说，每个人的心中都有两种意识：一种是潜意识，一种是意识。意识在心灵的表层，潜意识在心灵的深处。然而，由于人们内心的懒惰和恐惧，每当心灵遭遇到痛苦的时候，意识都会极力逃避，具体的方法就是用谎言来麻痹自己，强行把痛苦的感受压抑进潜意识，从而逃避真相，就像什么都没有发生一样。但遗憾的是，意识感受不到痛苦，并不意味着痛苦就消失了，相反，被压抑进潜意识的痛苦则会在更深的层面折磨你。乔治心中出现的那些疯狂的念头正是来自潜意识的声音，只不过由于乔治采取了不正确的方式，潜意识也变换了自己的方式。所以，不把被压抑进潜意识的痛苦重新提升到意识的层面，让自己清楚地看见它、认识它、感受它，潜意识就会一直用这种变态的方式提醒你，而你也不可能从根本上解决自己的问题。你不解决问题，你就会成为问题。

果然不出所料，两天后，乔治就给我打来了电话，他激动地说："你说对了，派克博士，那些恶念又来折磨我了。昨天参加完销售会议后，我开车回家途中，在驶过一个急转弯之后，大概又开了几英里，突然，我的脑中生出了一个可怕的念头：'拐弯的时候，你撞死了一个站在路边想要搭便车的人！'我知道，这仅仅是我众多疯狂念头中的一个罢了。因为如果我真的撞死了人，我一定能感受到碰撞，或者能听到一声巨响。虽然理性的意识一直提醒我要淡定，但一路上我根本无法把那可怕的念头从心中驱逐出去。我的脑海中一直浮现着一幅画面——一具尸体躺在路旁的水沟里。我总是以为那个人可能还没死，他需要及时救助；我担心自己随时都会被指控为肇事逃逸的杀人犯。终于，在到家之前，我还是受不了内心的煎熬。于是，我再次强迫自己把车开回了那个转弯处。当然，那里并没有什么尸体，地上也没有任何血渍，甚至一丝车祸的痕迹也没有，我这才放下心来。但我不能再让恶念为所欲为了，我不想让这样的情形再肆意地发展下去。我想，你说得没错，我确实需要接受所谓的心理治疗了。”

由于各种症状接踵而至，乔治的妄想强迫症也比以往严重了许多，于是他开始恢复了诊疗。接下来的三个月，他每个星期都来诊疗两次。他的妄想多半与他本人的死有关，其他的则与别人的死或自己被指控犯罪有关。每次经历了或大或小、或长或短的妄想强迫症折磨之后，乔治最终还是会像被心魔打败的斗士一样回到恶念萌生的现场，确认恶念场景并不存在后，他紧张的心情才能得以舒缓，但这样的强迫行为使他痛苦不堪。

诊疗中的前三个月，我渐渐得知，乔治更严重的病症都被他掩饰于外表之下。此前，他曾告诉我，他的性生活非常和谐，但事实上，他的性生活简直糟透了。克劳迪娅几乎每六个星期才和他做一次爱，而且他们的性事就像是在酒醉的情形下完成的一样，充满了兽性，草草了事。克劳迪娅“泼妇般的脾气”一发作，总会持续好几个星期。与她见面的时候，我发现她的失落和沮丧也令人吃惊，她口中的丈夫就是一个“软弱、爱抱怨的大老粗”。很显然，她对乔治充满了怨恨。而乔治也开始慢慢地流露出了对克劳迪娅的不满，他眼中的克劳迪娅是个自私自利、冷漠无情的女人。在家里，乔治与老大黛比、老二小乔治的关系越来越生疏，他把这一切都怪罪到克劳迪娅的头上，他认为正是克劳迪娅从中挑拨，才使得他现在和两个孩子完全疏离。因此，克里斯成为他在家中唯一可以与之相处的孩子。乔治承认，为了不让克里斯被克劳迪娅所“掌控”，他可能对孩子过于溺爱了。

经过多方刺探，我也从乔治的口中打听到了一些其他的有意义的细节。他之前曾说过，他的童年还过得去。但当我强逼着他回忆时，我才发现，他在童年时便对死亡深怀恐惧。例如，乔治还记得，在他 8 岁生日的时候，他的父亲曾亲手杀死了妹妹的猫咪。当时，他没有吃早餐，而是躺在床上幻想着自己生日可能收到的礼物。这时，小猫闯进他的屋子，把房间搅得一团糟；接着，父亲拿着扫帚，追赶着冲了进来。正当乔治蜷缩在床角，大声尖叫的时候，父亲愤怒地举起扫帚，活活地将小猫打死了。

乔治的妈妈虽然是一位慈祥的母亲，但她近乎疯狂的宗教信仰却让童年的乔治不堪忍受。乔治回忆说，11 岁的一个深夜，妈妈怎么都不让他睡觉，她强迫他跪在地上，替患有心脏病的家庭牧师祷告，祈求牧师能够活下去。但乔治讨厌那位牧师，也讨厌妈妈全年无休止地做礼拜。每个周三、周五晚上和周日整天，妈妈都要带他去基督教堂。乔治还记得做礼拜时，妈妈的口中念念有词，忘我地扭动着身体，呼喊着：“噢！主呀，耶稣基督。”每当看到妈妈的这个举动，乔治都羞愧得恨不得马上找个地缝钻进去。另外，与外公相处的日子，也并没有让他觉得轻松自在。不过，乔治的外婆很温柔、很亲切，所以他和外婆一直保持着不错的祖孙关系。虽然如此，但在与外公、外婆同住的两年内，他常常替外婆担心，因为外公几乎每星期都会打外婆。每一次，乔治都害怕外婆会被外公打死，所以即便是知道自己无能为力，他也会想尽办法待在家里。不知道为什么，他总是感觉自己守在家里，外婆就会平安无事。

乔治非常不理解我为什么总是要让他回想童年的往事，他说："我只是想解决我目前生活中的问题，想摆脱现在困扰着我的妄想及强迫行为。我不明白，净回忆一些过去的往事，对治愈我的病症有什么帮助。"于是，他又开始喋喋不休地讲那些缠绕着他、令他倍感困扰的顽念和强迫病症。每提到一个新的"恶念"时，乔治都会描述得非常具体、详细，似乎想再重新体验一下当时的痛苦感受。然而，实际上，乔治之所以会产生这许多的"妄想"，是因为他想要逃避压抑在潜意识中的问题和痛苦。我解释道："你的这些病症就像层层的烟雾，它们使你迷失在痛苦的深渊中。而你太执著于探究自己表面的病态，却没有花时间去思考导致这些症状的根本原因。如果你能够走出迷雾，勇敢地正视自己的生活，不再用谎言来掩盖自己，真诚地对待生命和死亡，我想你的病会有所好转的；否则，你将一直受到这些病症的折磨。"

但很显然，乔治拒绝面对死亡，他在意识中极力欺骗自己，他说："我知道，人终究难逃一死，但思考死亡又能怎么样呢？我们什么也改变不了！"我尝试着劝导乔治，他这样的心态是不对的。我告诉他："虽然你一直在回避死亡，但事实上，你却一直在思考它。如果不是想到'死亡'的存在，那么你该如何解释那些纠缠着你的恶念和那些折磨着你的强迫行为呢？为什么黄昏日落的时候，你会感到焦虑不安？难道这一切还不够明显吗？——

傍晚意味着一日将尽，象征着死亡，提醒着你终有一天你的生命也会落幕。其实，你害怕死亡，不敢面对，只是一味地逃避。你在意识中回避死亡，潜意识就会提醒你注意死亡，你的那些妄念正是潜意识的一种提醒。你在意识中撒谎，潜意识就会给你指出来。你可以欺骗自己的意识，但却欺骗不了自己的潜意识。你在意识中说自己不愿思考死亡，但是你的潜意识一直在思考死亡。所以，你的问题不在于思考死亡这件事，而在于你思考死亡的方式。除非你能够在思考死亡时直面死亡的恐惧，不再用谎言来欺骗自己，否则你将继续受到这种强迫式顽念的折磨。”

要戳穿意识的谎言，了解潜意识的真相，首先，就必须要求人们真诚地面对自己。然而，无论我如何费尽口舌，乔治依然故我，一点儿也不为所动，继续装出一副玩世不恭的样子。但与此同时，乔治又迫切地渴望能够治愈自己的病。虽然他现在已经会完全不设防地跟我谈论他的病症，甚至也会和我提及他与妻儿之间的疏离感，但不可否认的是，他的“强迫妄想症”已经非常严重了。逐渐地，当他的病症发作时，即便在路上，他也会打来电话，说：“派克医生，我现在在洛利市，刚才我又产生了一个恶念。但我已经答应克劳迪娅要回家吃晚饭了，如果我现在再折回现场，我肯定赶不回去吃饭。我现在很无措，既想回家，又想回现场。派克先生，请你帮帮我，告诉我应该怎么做。拜托你，叫我别回头！”

每当这个时候，我都会不厌其烦地告诉乔治，我不会也不能帮他做决定，他必须自己拿主意。让我帮他做决定，这是一种依赖心理，是不健康的心态。可是，他似乎并不能理解我。每次诊疗的时候，他都会对我抱怨：“派克医生，我不明白为什么你就是不肯帮我。我敢确定，只要你告诉我不要回头，我就绝对不会回头，而且这样的话，我的心里也会好受很多。可是你却只是一味地跟我强调，这并不是你能做的事。而我就是为了想要寻求你的帮助，才来这里就诊的——但你却不肯帮我。我不明白，为什么你竟然如此残忍，就连这么小的忙都不愿意帮我。你难道看不出来吗？我真的很痛苦，也很难抉择。就算这样，你也还是不肯帮我吗？”

日子一天天过去，乔治的病症相较以往，有过之而无不及。渐渐地，他开始意志消沉，再加上患了痢疾，整个人变得瘦骨嶙峋、脆弱不堪。他纠结于自己应不应该去求诊于别的心理医生，而我也开始怀疑自己处理这个病例时的方式是否妥当。但依照这样的情形来看，乔治似乎很有马上住院的必要。

之后的情况更加糟糕。某个早晨，在乔治接受了四个月的诊疗后，他吹着口哨就来了，看上去神采飞扬。我一眼便察觉出了他的异样。乔治赞同地说：“没错，我今天确实好多了。不知道为什么，我已经一连四天，没有产生过任何妄想和强迫行为。也许，我开始重生了！”现在的乔治又是一副玩世不恭的样子，对于生活和家庭中的痛苦经历，他更是毫不在乎。虽然经过我的多方刺探和努力，从他口中获悉了一些近期生活的信息，但那也都是些没有任何情感的、不痛不痒的事。我原以为，这次的会诊就会这样结束，但最后乔治却冷不防地问了我一句：“派克医生，你相信这个世上会有魔鬼吗？”

“这是个很复杂的问题，我很奇怪，为什么你会这么问？”

“噢！不为什么，我也只是很好奇。”

“肯定是有原因的，所以你才会这么问。你这是在回避问题。”我注视着他说。

“其实，这是因为，最近我读了许多崇拜撒旦之类的离奇教派的书籍。你知道的，这些日子，媒体杂志报道了很多有关旧金山的邪恶团体的新闻。”

“确实是这样，但我还是想知道为什么你会在此时此刻突然问这样的问题。”我虽表示了赞同，还是存有疑惑。

乔治有点不耐烦了，满脸不悦地说：“我怎么知道？就是突然想到了啊，你不是让我事无巨细，只要是心里真实的想法都可以告诉你吗？现在我也做到了，至于为什么会有这样的想法，我自己也不知道！”

看来，再继续追问下去也不会有任何结果了。这次的会诊只能这样结束了。

后来的一次会诊，乔治仍然精神焕发，他的心情很好，体重也增加了几磅，不再像之前一样哭哭啼啼了。他说：“两天前，我又产生了可怕的念头，但我已经不会被它困扰了。我告诉自己，这些念头真的很荒谬也很愚蠢，它们没有任何意义。哪怕我真的要死了，那又怎么样呢？我甚至没有再想过要回到现场去确认，我终于成功了！”

表面看来，乔治确实已经渐入佳境，他的病症也似乎真的不再使他困扰了，但我仍然隐隐地感觉到不安。因为对于他为何会有如此的转变，我还是一无所知。我想尝试着帮他探究一下他的婚姻问题，然而，我并没有想到，乔治玩世不恭的本性简直深不可测，无论我怎么试探，他仍然不愿意与我一起深入地探讨。因此，我更加疑惑，乔治的生活以及他面对生活的态度，一直都没有什么改变，那为什么他的病症会突然好转呢？现在，我姑且把自己的不安和疑惑藏在心底。

为了逃避痛苦，人选择了谎言，扭曲了心灵

某个傍晚，乔治又一次来就诊。他神情欢悦地走了进来，玩世不恭的味道更甚以往。同往常一样，我让他先开口。凝思了片刻之后，他从容不迫地说道：“我想坦白。”

“噢！”

“正如你所看到的，最近我的症状真的减轻了很多。但我并没有告诉你，这是为什么！”

“嗯！”

“你还记得前段日子的那次就诊吗？我问过你相不相信世上有魔鬼，而你却更想知道我为什么会问这个问题。嗯，我当时的确没有对你说实话，而我其实知道是什么原因。但我之所以不想

将真相说出来，是因为我觉得那样太不明智了。”

“请继续。”

“虽然现在我还是不能确定对你坦白是对是错，但我确实想这么试一试。一直以来，你并没有给予我什么实质性的帮助，也不愿意设法阻止我的强迫行为，所以我别无选择，只能自救。”

“你都做了些什么？”我问道。

“我和魔鬼签了份契约。当然，我并不相信这个世上有什么魔鬼，但我必须要想办法为自己做点什么，不是吗？所以，我就签了一份这样的契约：如果我屈服于强迫意念，又回到现场求证，那么魔鬼就会让我所有的恶念成为现实。你懂我的意思吗？”

“我还不能肯定。”我答道。

“那我说具体一点吧。例如，前几天，当我开车开到千普山附近时，突然产生了一个恶念：‘下次开车经过这里的时候，你的车子会驶过护栏，而你也将丧命于此。’如果换在从前，我肯定会心急如焚，内心挣扎许久之后，最终还是会回到护栏处求证，对吧？但有了那份契约之后，我便不会再回去了。因为我知道，倘若我回去查证，就会违反契约的规定，那样的话，魔鬼一定会让一切成为事实，而我也将必死无疑。所以说，我不屈服于强迫意念是另有原因的，并不是如我从前所说，是因为病症减轻了。现在，你懂了吗？”

“哦，原来如此。”我不置可否。

乔治庆幸地说道：“看来这招真的挺管用。在这期间，我产生过两次‘妄想’，但却一次都没折回去。然而，即便是这样，我也不得不承认，与魔鬼签契约让我产生了一些罪恶感。”

“罪恶感？”

“对，罪恶感。我所指的是，人是不应该与魔鬼签契约的。虽然我不相信世界上真的有魔鬼，但是，如果与魔鬼订约真的管用的话，我信不信又有何妨？”

我沉默不语，因为我不知道该对乔治说些什么。这个案例错综复杂，让我感到很迷惑。我们俩就这样安静地坐在充满安全感的办公室里，桌子将我们隔开。我注视着折射在桌上的柔和的光线，陷入了纷繁错杂的思绪当中。我理不出头绪，也斗不过那份根本不存在、却有一定实效的罪恶的契约。由于置身迷雾中，无法见树又见林，我只好静坐在办公室里，一边凝视着灯光，一边听着墙壁上的时钟“滴滴答答”的声响。

“你是怎么想的？”乔治终于问我了。

“对不起，乔治，我不知道自己为什么如此迷惑，我需要更充裕的时间来理清思绪。所以，现在我还不能和你说什么。”

我又一次凝视着灯光，时钟仍然在滴答作响。五分钟过去了，乔治对于周遭的沉寂，显得有些无措，终于，他打破了沉默，说道：“我想，我还隐瞒了一件事，而这件事就是我会感到罪恶的另一主因。你知道吗？我与魔鬼签契约的事，还另有下文。之前我说过，我真的不相信世界上有魔鬼，因此我也不能确定当我折返现场的时候，魔鬼真的会让一切成为现实。所以，为了确保万无一失，我不停地问自己，还有别的什么办法？于是，我想到了克里斯。在这个世界上，他是我最爱的亲人，也是我最牵挂的人。因此，我就利用这一点，作为契约的一部分：倘若我真的屈服于强迫意识，折回现场求证，那么魔鬼会让克里斯早夭。到那时，我死了，克里斯也不能幸免。现在你能够明白为什么我不会再折返回现场了吧！”

“所以，你就把克里斯的生命作为赌注？”我机械式地复述着他的话。

“是的，我知道这是不对的。也就是因为这样，我才会深负罪恶感。”

我再度陷入沉思，思路也慢慢理出了头绪。此时，已接近了诊疗的尾声，乔治蠢蠢欲动，正要起身离去。我严肃地说道：“乔治，等一下。你会是我今天诊疗的最后一位患者，如果你不着急走，那我希望你能够给我一些时间，我想针对你的情况，找出适合你的治疗方案。”

乔治如坐针毡，他局促不安地等待着。但这并不是我的本意，作为受过专业训练的心理医生，我不能妄下定论。因为只有当病人真切地感受到，自己被医生所接受的时候，他才会敞开心扉，对你吐露心声，表达出他的真实想法，这样的诊疗才能收到实效。根据这么多年的临床经验，我发现，心理医生有必要在诊疗中的某一阶段，就个别特定的观点与病人持相反的立场，并给予一针见血的评断。但我也很清楚，这样的情况必须有充分的诊疗时间作为基础，最后要在病人与医生之间的关系相对稳定后，再下评断。然而，现在我与乔治才接触了四个月，关系尚浅。我不愿去冒这个险——在如此短的时间内，对他骤下断语。然而，不这样做，他就有可能病情加重；这样做，也有可能使他心生怨恨，逃避治疗。这就是我需要评估和权衡的原因。

乔治再也无法静静地坐等下去了，就在我搜肠刮肚之际，他脱口而出："嘿！你在想些什么呢？"

我注视着他，说："乔治，我在想的是，很庆幸，你产生了所谓的罪恶感。"

"这是什么意思？"

"我的意思是，你确实应该感到罪恶，因为你的所作所为，的确是有罪的。倘若你没有丝毫感觉，那我可就要非常担心了！"

乔治马上变得警惕起来，他说："我认为，心理治疗本来就是帮助我减除罪恶感的。"

"但那指的是不恰当的罪恶感。如果对于一件正常的事，你竟然感觉到罪恶，那完全没有必要，甚至别人会认为你有病；但如果你对于一件恶事，丝毫感觉不到一丁点儿的罪恶，那也是不正常的。"我答道。

"你认为我很坏吗？"

"我认为，在你与魔鬼签契约的时候，你已经做了一件恶事。"

"可是，我并没有真的做什么啊！"乔治大声嚷道，"你难道还不明白吗？我和你所说的这些事全都是我的心理活动。你不是说过吗？'那些所谓的恶念、坏愿望，只有当我们真正付诸行动后，才能构成罪’。这就是你所谓的‘心理学第一定律’。你看，我现在什么都没做，甚至没动过别人的一根手指头。”

“但是，乔治，你不可否认，你确实做了一些事。”我答道。

“我做了什么事？”

“你和魔鬼签了契约！”

“那又怎样？目前为止，什么事情也没有发生呀！”

“不对！”

“怎么不对？我不是说了吗？所有的这些全都是我自己心里想出来的，它们全都在我的脑子里。我既不信上帝，也不信宗教，怎么会相信魔鬼呢？我甚至不相信魔鬼的存在。倘若我和活生生的人签了一份真正的契约，那就另当别论了。可是现在，我只是和一个纯粹虚构出来的魔鬼签了一份不真实的契约，甚至没有付诸任何行动。”

“那你的意思是说，你不会和魔鬼签约啰？”

“天啊，我有啊！我说过，我与魔鬼签了约了。但那并不是一份真实有效的契约。你可不可以不要咬文嚼字，鸡蛋里挑骨头？”

“不是的，乔治。是你在咬文嚼字。我也和你一样，对魔鬼一无所知。我根本不知道魔鬼是男是女、有形或无形，我也不知道魔鬼究竟为何物，是一股力量，还是仅仅只是一个概念？但这些都在其次，最关键的是，你确实与魔鬼签了契约！”

此时的乔治态度大为转变，“好吧，即便是我真的与魔鬼签了约，但那也是一份无效的契约。每位律师都知道，在受迫情形下签订的契约，是不具备法律效力的。上帝知道我是被逼迫的，而你也是亲眼所见。这几个月来，我一直在恳求你的帮助，但你丝毫不为所动。你似乎对我的案例颇感兴趣，但却始终不能帮助我除去痛苦。这些日子，我受尽折磨，如果这都不算被迫，那我就不知道该如何形容了！”

我站起身来，走到窗边，窗外一片漆黑。伫立了一分钟之后，我想，是时候了。于是我转过身来，注视着乔治，说：“好了，乔治，有些话我必须要对你说，希望你能够仔细地听好。因为接下来我要说的话字字珠玑，针针见血，十分重要。”

我回到座位上，眼睛一直注视着他，继续说道：“乔治，你有一个人格上的缺陷，这也是你最根本的一个弱点。它是你所处的全部困境的根源，是导致你产生心理病症的最主要的原因。如今，它又促使你与魔鬼签订了罪恶的契约，甚至还成为你为那份契约辩解的理由。”

“乔治，我基本可以肯定，你其实是一个懦夫。”我继续说着，“你每次遇到问题和痛苦，都不敢去正视，只知道用谎言来欺骗自己；你不愿采取行动，甚至连想都不愿去想，只会选择逃避。当你感觉自己几天之内就会死时，你逃避；当你面临不幸的婚姻时，你逃避。然而，这些事情并不是你想逃避就能逃避得掉的，它们会以病症、妄想和强迫行为的方式来纠缠你、折磨你。你一心希望心理医生帮助你摆脱那些纠缠你的妄念，但是却不明白，你自己必须敢于直面自己的问题和痛苦，不能逃避也无法逃避。我之所以在你折回现场这件事上不给你建议，就是要让你自己解决自己的问题。自己的问题，必须自己解决，任何人都无法包办代替，你不解决问题，你就会终日为问题所困扰。所以，每个人都必须勇敢地面对自己的问题和痛苦，戳穿意识中的谎言，只有这样，我们的心灵才能成长，心智才能成熟。但是，你却没有勇气去戳穿心中的谎言，没有勇气去面对自己的问题和痛苦，一直都在逃避。开始，你依赖心理医生，希望他能代替你做决定；接着你甚至与魔鬼签订协议，企图把自己的问题和痛苦交给魔鬼。你的一切行为都是在想方设法逃避问题和痛苦，而不是勇敢地去面对。”

“你为自己辩解，说那份与魔鬼的契约是在被迫的情形下签订的，没有任何效力，可以不算数。这一点，我没异议。然而，我想知道的是，你为什么会与魔鬼签订这份契约，而不是勇敢地面对自己，尽你所能甩掉身上的所有痛苦？如果说，魔鬼确实潜伏在人类的身旁，专门搜集那些被出卖的灵魂，我敢肯定，它一定会专从那些懦夫的身上下手。因为这些人不敢戳穿心中的谎言，他们身不由己，一心想把自己的问题和痛苦交给别人。这些人的行为正好为魔鬼提供了乘虚而入的机会。所以，你的问题不在于受到逼迫，而在于你敢不敢不说谎、不逃避。一旦你敢于拒绝谎言，不再逃避，你就一定会在承受心灵痛苦的过程中，提升自己的心智，挣脱妄念的束缚。这就像蚕蛹一样，历经破茧的痛苦之后，蚕蛹便会幻化成一只翩翩起舞的蝴蝶，美丽迷人。但是很遗憾，你一直在选择谎言和逃避，你不敢正视，你一遇到问题和痛苦，就丢盔弃甲，背叛投降。你虽然装出一副若无其事的样子，但我必须要说，这不过是在自欺欺人，你以谎言和逃避来应对问题，你的应变之道倒真是轻巧！但是，你却忘了这样一个事实——为了逃避痛苦，人选择了谎言；为了谎言，人扭曲了心灵！乔治，你的心灵正在被扭曲。”

“用玩世不恭来形容你，再恰当不过了。你喜欢把自己伪装成一个什么都不在乎的人，但我不知道，你怎么能轻松得起来。乔治，你总是试图寻找轻松和毫不痛苦的方式来解决问题，一旦面对‘正确’与‘轻松’二选一的抉择时，你总会毫不犹豫地选择后者。即便是出卖灵魂，牺牲你至爱的儿子，你也在所不惜。”

“之前我说过，很庆幸，你产生了罪恶感。因为，如果你对自己这种解决问题的方法，不产生罪恶感的话，这就说明你已经完完全全成了一个魔鬼似的撒谎者，我便无法再帮助你了。这么久以来，你已经知道了，心理治疗不可能马虎过关，更不能欺骗自己，它不是一条帮你逃避问题的途径，而是一个寻根探究、正视痛苦的过程，纵使你有百般痛苦、万般无奈，你都必须咬着牙挺过去。如果你愿意尝试去正视现实生活中的问题，诸如父亲的虐待、惨淡的婚姻、可怕的死亡、自我的懦弱，那我还愿意继续帮助你，因为我有信心获得成功；但如果你只是一味地想寻求捷径，暂时舒缓痛苦，那我真的很抱歉，我无能为力，因为我不敢奢望心理治疗对你会有任何帮助。”

解决了逃避问题的问题，你才能解决其他问题

这回换成乔治沉默了。只听见墙壁上的时钟依旧在“滴答”作响。到目前为止，我们已经进行了两个小时的诊疗了。终于，乔治开口说道：“在漫画中，某个人物一旦出卖了自己的灵魂，与魔鬼签订了契约，就将永远身不由己，步入罪恶。即使我现在想改变一切，恐怕已经回天乏术了！”

我回答道：“你是我所知道的第一个与魔鬼签约的人。我说过，对于魔鬼，我所知的并不多。和你一样，我甚至不知道这个世上是否真的有魔鬼存在。但对你而言，你既然选择与魔鬼签订契约，那从某种意义上来说，魔鬼就已经存在了。由于你一心想要找到捷径逃避问题、脱离苦海，所以你已在心里把魔鬼唤醒，并和他签下了罪恶的契约。乔治，解铃还须系铃人，我相信，只要你鼓起勇气去解决问题，而不是依赖捷径，那么这份邪恶的契约也就不复存在了，魔鬼自会另觅他处。我相信你既然能赋予魔鬼生命力，就一定能让魔鬼消失。直觉告诉我，你终究能柳暗花明，获得重生。”

乔治很悲伤地说：“过去 10 天，我感觉到从未有过的舒坦。

虽然偶尔也会有些妄想杂念，但它们都不足以困扰我。如今，你无非是想让我自愿地扭转一切，恢复到两个星期以前的生活状态——受苦受难、度日如年。”

“乔治，这确实是我的意思。我劝你最好这么做，为了你自己，你也必须这么做。如果非要我采取强制措施，你才会去这么做，那我也愿意一试。”

乔治深思了片刻，说：“要我选择痛苦？我不知道也不能确定自己会不会这么做，我能不能办到，自己也没有把握。”

我站起身，问道：“乔治，你星期一会来吗？”

乔治也站起身，说道：“会。”

我走向他，与他握手道别。

那个晚上，是乔治接受诊疗以来的一个关键的转折点。到了星期一，他的病症又完全发作了起来。然而，不同的是，他不再央求我阻止他回到现场，他也慢慢地愿意正视自己对死亡的恐惧，以及存在于他和太太之间的鸿沟。到后来，他甚至能在我的协助下，请他的太太前来就诊。我把他的太太引荐给了另外一名心理医生，效果很明显。他们的婚姻生活开始重现生机。

克劳迪娅加入诊疗后，我便把重心放在了乔治的负面情绪上——焦虑、易怒、失落，尤其是悲伤。乔治也能察觉出自己的多愁善感，每当面对季节的更替、子女的成长、世事的无常时，他都会感受到自己的脆弱和悲伤。渐渐地，乔治玩世不恭的味道越来越少，忍受痛苦的能力也越来越强。虽然他还会感叹黄昏时的落暮，但他不会再为此焦虑不安。他的妄想强迫症也不如几个月前那么频繁地发作，第二年年底，他的那些病症就彻底消除了。两年之后，他结束了心理治疗。虽不能说他已经成了绝对的强者，但相较以往，他绝对是胜者。

对于乔治来说，他最大的问题就是逃避问题，一旦解决了逃避问题的问题，其他问题才会迎刃而解。乔治的故事告诉我们，只有直面问题和痛苦，我们才能最终获得解脱；只有勇敢揭穿谎言，我们才能生活在真实的自我当中。如果我们选择了逃避和谎言，就将在无边的苦海中沉浮、挣扎，永远承受心理疾病的折磨。

恶，可以定义为：为了维护病态的自我，
不择手段去毁灭别人的自我。

第2章

People Of The Lie

有没有罪恶感，是善与恶的分水岭

从乔治的身上，我们看到有两股力量都试图控制他：一股是善的力量，一股是恶的力量。他在这两股力量之间奋力挣扎，载沉载浮。实际上，每个人的心中都住着一个天使和一个魔鬼，它们彼此都想争夺人的灵魂。

爱因斯坦曾写信给弗洛伊德，讨论自己对邪恶的看法，他在信中写道："每个人都有憎恨和摧毁的需求。"对此，弗洛伊德表示他完全赞同爱因斯坦的见解，并补充道："人类有两大本能——一是生存和发展的本能，二是摧毁和杀戮的本能。"弗洛伊德所说的生存和发展的本能，就是善；而摧毁和杀戮的本能则是恶。善与恶在人们的心中常常会发生战斗。不过，在这场激烈的争夺战中，人并非一无是处，任人摆布，人完全可以拥有自由意志，自主做出选择。就拿乔治来说，虽然他的强迫症会让他身不由己，逼迫做出一些匪夷所思的事情，但是，只要他敢于面对自己的问题，就可以摆脱恶魔的控制，释放出天使的力量，获得心灵的自由。

魔鬼在人的心中，人可以把它释放出来，也可以让它销声匿迹。关键取决于我们敢不敢面对自己的问题，承受自己应该承受的痛苦。乔治试图逃避自己的痛苦，结果便唤醒了心中的魔鬼，他不仅与魔鬼签订了协议，甚至还不惜拿儿子的生命当赌注。也许，你也会像乔治最初认为的那样，这些想法只存在于心中，并没有付诸行动，不算真正意义上的邪恶。但问题是，这些想法会扭曲人的心灵，扭曲的心灵就像一面凹凸镜，人从中既看不到真实的自己，也看不清外面的世界，最终导致道德沦丧，生命被扭曲，只能在一条邪道上狂奔。所以，善与恶，存在于人的内心。《指环王》的作者托尔金说：“掌握世界所有事情的兴衰，并不是你我分内的事情，但是从整理内心开始，连根拔起一切恶念，则是我们义不容辞的责任。”

把生命颠倒一下，就变成了邪恶

关于“邪恶”一词，我儿子有一个惊奇的发现。记得儿子8岁时，一天，他天真而惊奇地对我说：“哇塞！爸爸，‘邪恶’这个词——evil，倒过来拼，就是‘生命’——live。”

一个8岁的孩童，从他的视角一语道破了邪恶的本质。的确如此，邪恶就是把生命颠倒过来，它是生命的对立面。

生命欣欣向荣，洋溢着勃勃生机，邪恶则是要剥夺生命的这种活力。所以，“恶”与“扼杀”息息相关，它试图把生命拖入死寂的状态，这种死寂状态就是我在《少有人走的路：心智成熟的旅程》中所说的“熵”的状态。我们知道，生命的出现是一个伟大的奇迹。依照我们对宇宙的认识，生命本来不可能出现。按照热力学第二定律，能量会自然地从有序状态流向混乱状态，从分化状态流向均一状态。换句话说，宇宙的秩序处于持续不断的崩解之中。经过数十亿年时间，整个宇宙会完全分解，其秩序降至最低点，成为没有任何形状和结构、不再发生分化的死寂状态。这种没有秩序、不再发生分化的状态，我们称之为“熵”。然而，令人惊奇的是，在宇宙通往死寂状态的过程中，生命却与之截然相反，她的方向则是通往有序，充满活力。所以，生命就像死寂沙漠中的一片绿洲，顽强地抗拒着“熵”的力量。

如果说生命是沙漠中的绿洲，那么，“恶”就是绿洲旁的那些沙丘，它们伺机想要抹杀掉生命的这点绿意。当然，我这里所说的“扼杀”，并不仅仅指杀死生命，更包括禁锢生命的活力，并由此导致心灵的沦丧。一切限制和扼杀生命特征的心理和行为都是“恶”的表现。这些生命特征包括人的感知和感觉、思想和行动、成长和意愿等。比如，某些人对他人拥有强烈的控制欲，试图剥夺他人成长的意愿，增强别人的依赖感，消弱别人的创造力，拼命把别人改变成温顺听话的机器，这种抹杀了别人人性的心理和行为就是“恶”。与此同时，善则是恶的反面，善助长生命的活力，鼓励生命的多姿多彩，以及“人”独一无二的特性。

关于善与恶，弗洛姆用了两个十分专业的心理学词汇：一个是“眷恋生命的人”（biophilic person）；一个是“恋尸癖”（necrophilia）。所谓善，就是从本质上热爱生命，对一切充满生命力的事物都有一种与生俱来的亲近感。这种人拥有正常人具有的情感和意愿，能够努力去获取丰富的人生体验，理解生命的价值和意义。他们发出自己的光，但不会吹熄别人的灯。所谓恶，就是对死的东西极度感兴趣。具有“恋尸癖”的人被所有没有生气和死的东西所吸引和狂迷，诸如，死尸、腐物、粪便和污垢。

他们对此类事物有一种莫名的亲近感，不管是喜欢还是讨厌，都会被它诱惑，不由自主地注意它，并对其作出反应。这些人发不出生命之光，却会去吹熄别人的灯。

在《少有人走的路：心智成熟的旅程》中，我给爱下过一个定义：爱，是为了促进自己和他人心智成熟，而不断拓展自我界限，实现自我完善的一种意愿。在这里，我还要给“恶”做如下定义：恶，是运用一切影响力阻止他人心智成熟与自我完善的行为。如果说生命是一条正道，恶则是一条邪道。所以，人们常常在“恶”字的前面加一个“邪”字，意味着“恶”是一种反生命的力量。对于生命来说，爱是一种正能量，它能促使自己和他人的心灵获得成长；而邪恶则是一种负能量，它不仅阻碍自己的心灵成长，还会阻碍别人的心灵成长。我曾说懒惰是人的原罪。但懒惰不同于邪恶，一般意义上的懒惰，只是对自己和他人缺少爱，即自己不发光，也不会去吹熄别人的灯。但是，邪恶则不同，邪恶视爱为仇敌，与真正的爱完全对立，它试图扼杀人的感受、感觉和情感，扼杀人的创造力及生命力，其险恶用心是为了颠倒生命。追求心灵的成长和心智的成熟，是生命最健康的需求，阻碍心灵的成长是一种病态的表现。邪恶不仅会运用一切力量去阻碍别人心智成熟，还会阻碍自己的自我完善。从这个角度来看，恶，也可以定义为：为了维护病态的自我，不择手段去毁灭别人的自我。那么，邪恶靠什么来维护自己病态的自我呢？就是靠谎言和欺骗。所以，谎言总是伴随着邪恶。

促使人心智成熟的力量是爱，是心中的天使；促使人变得邪恶的力量来自心中的魔鬼。但值得注意的是，唤醒心中魔鬼的符咒就掌握在人自己的手中。如果你逃避问题和痛苦，你就是试图唤醒魔鬼；相反，如果你勇敢地面对问题和痛苦，你就是在呼唤心中的天使。特蕾莎修女说："如果你愿意平心静气承受痛苦，那么，你就在心中为天使找到了愉悦的容身之地。"

我的病人和朋友曾多次问我："派克医生，为什么逃避问题和痛苦，就会唤醒心中的魔鬼呢？"有一句话说得好：为了追逐快乐，人会努力；为了逃避痛苦，人会不遗余力。所谓"不遗余力"，就是不择手段，用谎言颠倒是非，混淆黑白，不计后果，只要是能避免痛苦，任何伤天害理的事情都可以干得出来。

我也曾经问一位女士："什么样的人是邪恶之人？"她想了一会儿，回答道："也许是那些什么事情都能干得出来的人！"没错，为了逃避痛苦，这些人选择了不遗余力，选择了谎言和欺骗；为了谎言，他们扭曲了心灵；由于心灵的扭曲，这些人无法真实地面对自己，他们为了逃避负罪感和良心的谴责，只会把一切责任和痛苦归咎于别人，甚至不惜拿别人当替罪羊。换一句话说，这些人为了逃避良心谴责所带来的痛苦，什么事情都能干得出来，他们不在乎别人的感受，也不管别人的死活，唯一关心的就是自己怎样才能逃避痛苦。

没有罪恶感的人穷凶极恶，逃避罪恶感的人邪恶

人有善的一面，也有恶的一面。人之所以为人，就在于每当看见自己的“恶”时，都会感到痛苦——人们会为自己的丑陋而羞愧，会为自己的错误而进行自我谴责，会为自己的罪过而产生罪恶感。这种由面对自己的“恶”而产生的内疚和痛苦，令人备受煎熬。在《少有人走的路：心智成熟的旅程》中，我说逃避问题和痛苦，是一切心理疾病的根源。由于人们常常用谎言来逃避问题和痛苦，所以，我们也可以说，谎言是心理疾病的根源。人生中的痛苦有很多种，你逃避什么样的痛苦，就会患上什么样的心理疾病。那么，内疚和罪恶感也会给人带来痛苦，逃避这种痛苦，会产生怎样的情况呢？答案是，逃避罪恶感，人就会变得邪恶。邪恶是一种特殊的心理疾病，它是由逃避特殊的痛苦导致的。

实际上，有没有罪恶感，正是善与恶的分水岭。

一般来说，区分善与恶的标准不是看他做不做坏事，而是看他有没有罪恶感。人非圣贤孰能无过？一般的人不是不干坏事，而是干了坏事之后，会遭受到良心的谴责，正是由于有了这种良

心的谴责和罪恶感，我们才会约束自己的行为，努力净化心灵，坦坦荡荡走向善的道路。上一章中乔治的故事就生动地说明了这一点。在乔治与魔鬼签订了协议，即将沦为恶人的时候，他遭到了自己良心的谴责，并由此产生了罪恶感。可喜的是，他勇敢面对这种罪恶感，知耻而后勇，觉悟到自己有罪，最终幡然醒悟，避免了心灵的沦丧，回到了善的道路上。

与此同时，我们都知道在这个世界上，有很多穷凶极恶的罪犯，有的是因为精神疾病而犯罪，有的是因为仇视社会而犯罪。这些人有一个共性：良心泯灭，毫无罪恶感。他们犯了罪，却不会产生任何罪恶感，也不会遭受良心的谴责，这些人是一群“道德白痴”，是人渣。正是由于他们没有罪恶感，所以什么坏事恶事都能干得出来。有的甚至还能从干坏事的过程中体会到一种快乐的刺激，其心理特征，就如同“恋尸癖”能从死尸中感受到快乐一样。所以，他们是罪大恶极的人。不过，虽然这些人很是凶残，但是他们邪恶的本性却十分明显，很容易被发现，一般都逃脱不了法律的制裁，监狱和精神病医院就是他们最后的归宿。

虽然穷凶极恶的人可怕，但更可怕的则是另外一类人。这类人深知良心谴责的滋味不好受，他们不敢面对自己的罪恶感，极力逃避。善良的人会勇敢承受罪恶感所带来的痛苦，并在这个过程中提升自己的人格。而这类人在自己的罪恶感面前，则是十足的胆小鬼和懦夫，他们没有勇气承受良心谴责所带来的痛苦和煎熬，只想一味地逃避，而逃避的方式就是选择用虚假的“善”来掩盖真实的“恶”。他们用谎言把自己的“恶”包裹起来，伪装出一副“善”的面孔。尤其值得注意的是，这些人在掩饰自己“恶”的过程中，会不择手段抹杀自己“恶”的证据，哪怕是扼杀别人的生命也在所不惜。我们把这类人称为伪善之人。这类人最大的特征之一就是，为了逃避良心的谴责，为了维护自己虚假的善，他们说谎成性、自欺欺人，什么谎话都能说，什么坏事都可以干出来。正因如此，我们才会说：“大奸似忠，大恶似善。”

明目张胆干恶事的人可怕，但更可怕的是以善和忠的名义，暗地里却干着邪恶的勾当。

由此，我们可以看出，没有罪恶感的人，会变得穷凶极恶；逃避罪恶感的人，会变得邪恶；敢于承认罪恶感的人，则会一步一步趋向于善。每一个圣人都有过去，每一个罪人都有未来。承认自己的缺陷和过错，人的心灵就会趋向于善；隐瞒、遮掩和逃避自己的缺陷和过错，人最终就会变得邪恶。荣格说：“恶，是由于无法面对生命的阴影。”他的意思是说，如果我们无法面人性中的“阴暗面”，就会产生“恶”。所以，在对待自己的罪恶感上，如果我们敢于承受它带给我们的痛苦，就踏上了善的旅途；相反，如果我们不敢面对自己的罪恶感，害怕承受罪恶感给自己带来的痛苦，一味地用谎言来掩盖真相，那么，人则会无恶不作。

逃避罪恶感的目的，是为了掩饰自己的不善，掩饰不善，就是伪善。伪善的人道貌岸然，特别在乎自己的外表和形象，他们会竭尽全力维护自己完美的表象，不遗余力保持道德完美的假面具。他们十分担心自己的道德形象，很在乎别人的看法，对伦理道德和社会规范极为熟悉，高度敏感。但不管怎样掩饰，也无法抹杀他们内心阴暗的事情，他们的善良是“装”出来的，浑身上下都充满了虚伪、欺骗和谎言，这就难怪他们会给人一种迷惑的感觉了。伪装的善是最可怕的恶，其邪恶就像隐藏在美丽花丛中的响尾蛇，具有极大的欺骗性。有一位女性在描述自己碰到邪恶之人时，这样说道：“每次碰到邪恶之人，我都会莫名其妙感到迷惑，仿佛瞬间便丧失了思考的能力，内心极不舒服，有一种本能的反感，只想尽快逃避。”

如果说穷凶极恶的人多在监狱和精神病院，那么，伪善的恶人则更多地隐藏在我们的身边。而且越是需要善的地方，伪善的恶人就越多。比如，教堂和各种慈善机构，常常就隐藏着很多伪善的面孔。又比如，许多父母常常打着爱的旗帜，实际上则是在控制和操纵孩子，他们不允许孩子有自己的思想和情感，漠视孩子的心理需求，甚至还扼杀了孩子生命的活力。下面，这个案例就是一个典型。

父母逃避自己的错，孩子就会出大错

很多时候，当心理医生努力去挖掘一个问题少年的问题时，最终会发现，问题的根源往往并不在这个少年身上，而出自少年的父母，简而言之，是父母的心理问题，导致了孩子的心理问题。虽然表面上看来，孩子的行为急需得到矫正，但实际上，往往父母才是真正迫切需要心理治疗的人。但遗憾的是，这些父母往往都是逃避罪恶感的人，他们不承认自己有问题，也不愿意接受心理治疗，总是用谎言来掩盖真相。其结果便是：父母不承认自己的问题，孩子就会出大问题。

我们说，穷凶极恶的人没有罪恶感，面对自己的“恶”，他们不以为耻，反以为荣。善良的人则有罪恶感，当他们犯了错的时候，都会感到内疚和痛苦，感到内疚和痛苦本身就表明，他们敢于正视自己的问题，没有选择逃避。而逃避罪恶感的人则没有勇气去承受内疚的痛苦，总是用谎言来掩盖真相。从根本上来说，他们逃避良心的谴责，逃避罪恶感，就是在逃避自己的问题。逃避自己的问题，不仅无法让自己获得进步，反而还会扼杀别人的生命力。

其实，父母培养孩子的过程，也是一个自我认识和自我成长的过程。当父母给孩子付出爱的时候，爱不仅能让孩子的心灵获得成长，父母自己的心灵也能获得成长。真正爱孩子的父母，会为了孩子的成长而改变自己，他们会放弃自己错误的观念，改正自己的缺点，在这个过程中，不仅孩子会受益，父母同样会受益。但是，逃避罪恶感的父母却不是这样，他们为了逃避良心的谴责，不承认自己有错，认为一切错都在别人身上，如果不是学校和社会出了错，那么，错就在孩子自身。生活在这样的家庭中，孩子备受压抑，其人性无法获得正常的发展，其心灵常常被扭曲，极容易患上抑郁症。比利的案例就是如此。

在心理医生训练课程的第一年，我负责医院的住院部。一天晚上，15 岁的比利挂了急诊，在诊断患了忧郁症后，他便住进了医院。开始治疗之前，我读了比利的病历：

> 比利的哥哥，16 岁的史都华，去年 6 月用点 22 口径的来复枪，对着脑门开了一枪，自杀身亡。刚开始，对于哥哥的死，比利没有表现出多大的情绪波动，也能够抑制自己的悲伤。但是新学期开学之后，他的学习成绩却直线下降。原本在班上一度保持中上水准的他，现在竟垫了底，并且出现了抑郁症状。
>
> 感恩节前，比利的忧郁症状已经很明显了。他的父母对此十分担心，并试图通过加强与他的交流来帮助他。但是，比利却愈来愈少言寡语，这种情况，到圣诞节后变得更加糟糕。前些时候，并无案底且从未有过驾驶经验的比利，竟然单枪匹马地去偷车，然后将车撞得面目全非，他也因此遭到警方逮捕。法院审理了他的案子，最终的裁定结果是：由于比利未到法定年龄，所以交保后，暂由父母监管，而且他必须在父母的陪同下，立即接受心理治疗。

医护人员将比利带到了我的办公室。乍看上去，比利有一副青春期男孩所具备的典型体格：皮包骨似的身体，很是单薄；竹竿似的四肢又细又长；不合身的衣服；没有经常梳洗的长发，耷拉下来，挡住了眼睛。别人很难看清他的面庞，尤其是当他凝视地板时，别人更是连他的脸都看不见。我握住他无力的双手，领着他坐了下来，说道："比利，我是派克医生，也就是你的主治医生。你现在感觉如何？"

比利默不作声，只是安静地坐在那儿，盯着地板看。

"晚上，你睡得好吗？"我问。

"我想，还好。"比利喃喃道。于是，他开始抠手背上的小疮疖，我发现像这样的伤口，他的双手及手臂上还有很多。

"待在医院，会让你感到很紧张吗？"

比利依然不回答，他还是全神贯注地抠着疮疖。而我也很泰然地安慰道："几乎每一个第一次来医院的人，都会感觉到紧张。但是，慢慢地，你会发现，医院是个很安全的地方。你可不可以告诉我，你为什么会来医院？"

"爸妈带我来的！"

"那他们为什么会这么做呢？"

"因为我偷了车，法官要求我一定要来医院。"

"我想，法官的意思，并不是非要让你住院，他可能只是想让你来看看医生。以前为你就诊的医生认为，你得了严重的忧郁症，最好能够住院治疗。对了，你怎么会去偷车呢？"

"我不知道！"

“偷车真的是件让人胆战心惊的事，尤其你还是单独行动，甚至没有驾照，也没有开过车，这更可怕。肯定有一股强大的力量驱使着你去这么做，你知道是什么力量吗？”

他依旧沉默。实际上，我真的不抱希望他会回答我。因为，对于一个处于困境的15岁男孩而言，第一次来看心理医生，不可能滔滔不绝说个没完，更何况他还是个严重的忧郁症患者。在比利不经意间将眼神从地板移开的那一刻，我迅速瞄了他几眼。他的眼中与嘴角没有一丝生气，整张脸看上去就像是集中营的生还者，或是无家可归的逃难者——茫然、冷漠、绝望。显然，比利的生命力遭受到了强烈的遏制，已经失去了生命的活力。

“你悲伤吗？”我问。

“我不知道。”

也许他真的不知道。青春期的孩子虽然容易多愁善感，但往往容易受困于种种情感中，难以准确地予以表达。我告诉他：“我猜，一定有充分的理由，能够解释你的悲伤。我知道，你的哥哥史都华去年夏天持枪自杀了。我想问的是，你和他的感情好吗？”

“很好。”

“那么，他的死，一定让你很伤心，很无助。能告诉我一些你们兄弟俩的事吗？”我问。

没有回应。他仍然在抠着手臂上的疮疖，也许他只是想再往下抠深一点。如此看来，他显然是无法在第一次诊疗中，就开始谈论哥哥自杀的事。因此，我决定将这一话题暂且搁置。

我问：“那我们来谈谈你的父母吧！他们有哪些事，是你可以说给我听的？”

“他们对我不错。”

“很好啊！那他们对你是怎样的不错呢？”

“他们会开车载我去参加童子军会议。”

“嗯，这确实是不错。”我说，“不过，这也是为人父母应该做的。那么，你和父母相处得怎样？”

“还好。”

“没问题吧？”

“可能有些时候，我会让他们为难。”

“噢！比方说呢？”

“我伤了他们的心。”

“比利，你是怎样伤他们的心的？”我问道。

“我偷车这件事，就已经伤了他们的心。”说这话的时候，比利并不是以一个胜利者的姿态在夸耀，而是以绝望的口吻在诉说。

“你有没有想过，或许你就是因为想要伤他们的心，才会去偷车的？”

“不是。”

“噢！那你就是不想让他们伤心。你还能想到其他让父母伤心的事吗？”

比利没有回答我的问题。沉寂了许久之后，我开口问道：“你想到了吗？”

“我只知道我伤过他们的心。”

“但你是怎么知道的？”

“我也不晓得！”

“他们是不是处罚你了？”

“没有，他们对我很好。”

“那你怎么会知道自己让他们伤心了呢？”

“他们对我大吼大叫。”

“噢！可是，他们因为什么事而对你吼叫？”

“我也不清楚。”

比利忘我地专注于抠着那已经溃烂的疮疖，他垂着的头，低得已经不能再低了。我想，此时如果问些芝麻绿豆的生活琐事，他或许更能敞开心扉，那样我们可能就可以扫除交流的障碍，心对心地沟通彼此。

“家里养过什么可爱的宠物吗？”我问。

“养了一只狗。”

“什么狗？”

“德国牧羊犬。”

“它叫什么名字？”

“它是只母狗，叫做‘琪琪’，大家都说这是个好听的名字，我倒不觉得。”

“这听起来像德国名字。”

“是啊！”

“德国牧羊犬取了个德国名字。”我一方面在发表着自己的意见，另一方面也希望从对谈中，获悉一些有价值的信息。“你经常和琪琪在一块儿玩吗？”

“不是经常。”

“它是由你照顾的吗？”

“是的。”

“但你似乎不是很喜欢它？”

“它是我爸爸的狗。”

“噢！但是你仍然还是要照顾它？”

“没错！”

“这听起来，似乎不太公平。那么，你会因此而生气吗？”

“不会。”

“你有属于你自己的宠物吗？”

“没有。”

我们一直在宠物的话题上打转。于是，我打算做些改变，和他谈一些年轻人热衷的话题。我问：“圣诞节刚刚过去，你在节日里收到了什么圣诞礼物吗？”

“没有收到很多。”

“那你的爸妈肯定会送你一些东西，它们是什么呢？”

“一把枪。”

“送你枪？”我很惊讶，愣愣地重复着他说的话。

“没错。”

“哪一类的枪？”我缓缓地问道。

“点22口径的枪。”

“是手枪吗？”

“不是，是来复枪。”

接下来，又是一阵沉寂。我感到很迷惑，不知所措，这种迷惑正是遇到邪恶的人和事时，经常会出现的那种，让人极不舒服，只想逃离。我想停止诊疗马上回家，但最后，我还是强迫自己说出了该说的话：“对不起，我想说你的哥哥正是用点 22 口径的来复枪……对不起。”

“……嗯，是的。”

“那么，这份圣诞礼物是你要求收到的吗？”

“不是。”

“你原本想要什么礼物？”

“网球拍。”

“可是，你却得到一把枪？”

“对。”

“当你收到一把你哥哥也曾拥有过的、同类型的枪时，你有怎样的感受？”

“不是同类型的枪。”

我宽慰了许多，原来是我弄错了。我道歉说：“对不起，我想是我理解错了，我还以为是同类型的枪。”

“不是同类型的枪，”比利目光呆滞，简单地重复道，“是同一把枪。”

“同一把枪？”

“没错。”

“你是说，它是你哥哥自杀时的那把枪！”此时此刻，面对如此邪恶的事情，我恨不得马上离开，逃回家中。

“是的。”

“换句话说，你的爸妈把你哥哥自杀时用的枪，当作圣诞礼物，送给了你？”

“对。”

“那么，圣诞节收到你哥哥的这把枪，你有什么感想？”

“我不知道。”比利埋下了头，更加狠命地抠着手上的伤疤。

我后悔问了这样一个问题。是啊，他怎么会知道呢？就算知道，他又该如何回答这个问题？首先，青春期的孩子最重隐私，他们轻易不会向别人吐露心事，更不要说，对象还是一个陌生的、身穿白大褂的大人了。即使比利愿意向我一吐为快，但由于他本身对事实真相的认识，也只是模模糊糊而已，所以他也不可能畅所欲言。我们知道成年人绝大部分的思考都是在意识下进行的，而未成年人的思考和表达往往都来自潜意识的驱使。换句话说，心理医生的任务就是要从未成年人的一言一行中，大致推论出他潜意识里在思考的问题。

我注视着比利，即便是谈到枪的话题，他的神情也没有任何变化：照样抠着他的伤口，宛如行尸走肉一般——眼神呆滞，毫无生气，一无所惧的样子。“我并不期望你会知道。”我说，“能不能告诉我，你见没见过你的祖父母？”

“没见过。他们住在巴克迪亚州。”

“那你还有其他的亲戚吗？”

“有一些。”

“你喜欢哪个亲戚？”

“我喜欢梅琳达姨妈。”

从他的回答中，我察觉到些许热情的迹象。于是，我问：“你住院时，想不想让梅琳达姨妈来探视你？”

“她住在很远的地方。”

“但是如果她不远千里而来呢？”

“如果她愿意来，那当然最好。”

我似乎看到了微弱的希望之光，我想马上联络梅琳达姨妈。而我现在必须结束谈话诊疗。于是，我向比利说明了医院的工作流程，并告诉他，隔天我还会再去看他，而护士也将给予他无微不至的照顾，睡前还会给他服安眠药。接着，我领着他回到了护理站。写完比利的医疗诊断报告后，我来到室外，天正在下雪。欣赏了几分钟的雪景后，我又回到了办公室，继续处理文书。

与比利的交谈令我感到压抑，因为他就像一具行尸走肉一样，失去了生命的活力。青春期的孩子本来应该充满生命的活力，但比利如此死气沉沉，的确令人窒息。那么，是什么力量使比利变成了一具行尸走肉？谁是幕后的“恋尸癖”在扼杀着比利生命的活力？比利的父母是逃避罪恶感的恶人吗？似乎一切都隐隐约约有答案，一切又不确定。但有一点却十分肯定：孩子是一面镜子，反映着父母的心灵，是父母的问题，才导致了孩子的问题。现在，比利如此抑郁，他会像哥哥那样选择自杀吗？我十分担心，不过，令人欣慰的是，当提到梅琳达姨妈时，我感觉到了在比利死寂的心中荡漾起了一丝生命的热情。这种热情就像在无边的沙漠中看到了一片绿洲，也如同即将被淹死的人抓住了一根救命的稻草。那么，我能让比利获救吗？这确实是个问题。

不在压抑中死亡，就在压抑中疯狂

《圣经》中有一句耐人寻味的话："压迫可使有智慧的人疯狂！"

比利的家庭真可谓疯狂：一个儿子举枪自杀，一个儿子偷车被抓，患上了严重的抑郁症。尤其令人费解的是，比利的父母居然把哥哥自杀用的枪当做圣诞礼物又送给了比利。究竟是什么力量使这个家庭变得如此疯狂呢？

第二天，我见到了比利的父母。我得知，他们都是为生活而辛苦打拼的上班族。爸爸是专业的机械师，专门打造刀具与模具，他为自己精湛的技艺而沾沾自喜；妈妈是一家保险公司的秘书，她很骄傲于自己能将家里打扫得窗明几净。他们每个星期都会去教堂做礼拜。爸爸习惯在周末喝适量的啤酒，妈妈则爱在周四晚上去打保龄球。他们夫妇二人中等身材，相貌平平，属于蓝领的中上阶层——安分守己、循规蹈矩、脚踏实地。他们对于家中近年来接连不断的悲剧——史都华自杀、比利偷车，似乎感到很迷惑，不知问题究竟出在哪里。

“派克医生，我都快崩溃了。”母亲说。

“是史都华的死吓到你们了吗？”我问。

“这对我们而言，无疑是巨大的打击。”父亲答道，“事实上，他的适应能力比较强，在学校里的表现也很好，并且他还加入了童子军团。他喜欢在屋后的田野里捉土拨鼠。他虽然总是沉默寡言，但他很讨大家的喜欢。”

“那么，自杀前，他看上去是不是郁郁寡欢？”

“一点也不。相反，他跟往常没两样。当然，他不爱说话，即使有很多心事，他也不会和我们说。”

“他有没有留下什么遗言？”

“没有。”

“你们双方的家属中，有没有人曾经得过心理疾病或者严重的忧郁症，甚至自杀？”

“我的家族里没有这样的人。”父亲回答，“但是，我的父母是从德国移民过来的，所以德国那边的亲戚中有没有出现过这样的情况，我不敢断言。”

“我的祖母因为年纪大了，所以必须住院。但除此之外，我们家族也不曾有人得过心理疾病，当然更不用说有人会去自杀了！咦？医生，你该不会说，我们的比利也有可能……可能会对自己做傻事吧？”母亲问道。

“是的。”我回答，“我想，十之八九有这样的可能。”

“啊！天哪！这样我可真是承受不了！”母亲抽泣道，“那你的意思是，诸如此类自我伤害的事，是家族性的遗传吗？”

“这是肯定的。统计资料显示，如果兄弟姐妹中曾有人自杀，那么其他的兄弟姐妹有自杀倾向的比例就很高。”

“老天！”母亲又再度啜泣，“你是说，比利也可能步他哥哥的后尘？”

“难道你们都不曾想过，比利的情况很危险吗？”我问。

“没有。在此之前，我们从未想过。”父亲说。

“但据我所知，比利的低落情绪已经持续一段日子了！难道你们不会担心吗？”我问道。

“当然会担心咯！”父亲回答，“对于他哥哥的死，他会伤心也是在所难免的。但是，我们都以为，过一阵子，他自然就会没事了。”

“那你们都未曾想过，带他去接受心理治疗吗？”我继续问。

“当然不曾想过！”父亲又答道，这一次他似乎有一点愤怒了，“不是都说了吗？我们以为他很快就会恢复的，谁也不会晓得，事情竟会演变到如此严重的地步！”

“我得知，开学以来，比利在学校的成绩一落千丈。”我说。

“是啊，真是丢脸！但他以前绝对是个品学兼优的好学生。”母亲答道。

“学校那边一定会有些担心吧！他们有没有和你们取得联络，帮你们找出问题？”

母亲看起来略显不安。“学校曾经找过我们。实际上，我们也很担心。我甚至还特意请假，去参加了学校专门召开的会议，一起商量如何解决这样的问题。”

“必要的时候，我希望你们能够允许我与学校那边聊一聊比利的事。因为，这么做的话，可能对比利的病情大有帮助。”

“当然可以。”

“在那次会议中，学校方面有没有人提议过，让比利去接受心理辅导？”我问。

“没有。不过，校方确实有人建议过，比利应该接受辅导，但那不是让他去看心理医生的意思。如果校方真的要比利去看医生，我们也会照做的。”母亲很镇定地回答我。我甚至不确定，几分钟前的她是否惶恐不安过。

“是的。如果是那样的话，我们自然就会知道事情的严重性。”父亲补充道，“但是，因为他们说的仅仅只是‘辅导’，我们便自然而然地联想到，可能是学业上的辅导。可实际上，我们并不会强迫孩子去读书。这并不是因为我们不关心他的成绩，而是因为我们觉得对小孩的管教不应该太严，你认为呢，医生？”

“我不能确定你的说法——带比利接受辅导就等于是在逼他。”我表示。

“医生，这是两回事。”母亲辩驳道，“对我们而言，在假日以外的工作日，带着比利到处参加辅导班，并不是一件容易的事。那些辅导员都是周末休息，而我们又只是普通的上班族，不可能每天都请假离开公司。我们还得赚钱过日子。”

我发现，与比利的父母争辩——能否在晚上或是周末，找到仍然开业的辅导机构——似乎没有任何意义。所以我决定将话题转向梅琳达姨妈，我说：“我和诊断医生都认为，比利可能需要留院观察一阵子——他需要有一段比较长的时间来彻底转换自己生长的环境。我想知道，有没有哪一位亲戚，可以让比利寄住在家里的？”

“恐怕是没有。”父亲很快答道，“我想，没有任何人会喜欢把青春期的孩子带在身旁。他们都有自己的生活。”

“可是，比利曾向我提过他的梅琳达姨妈。或许，她愿意帮忙也说不定。”

母亲突然追问道：“是不是比利跟你说了什么？他是不是说不想和我们住在一起了？”

“不是，我们没有谈到过这个话题。而我之所以会这么说，只是因为我想尝试一切可行的方法。这位梅琳达姨妈是什么人？”

“她是我的姐姐。”母亲回答，“但是她不在我的考虑范围之内，因为她家离这儿，至少有几百英里远。”

“不远呀！但我这仅仅是针对比利转换环境这件事而言的。实际上，这样的距离恰到好处：近到他随时可以回来看你们，远到他可以摆脱哥哥自杀的伤心地。或许，这样的距离，还能够帮助他远离现在所面临的其他压力。”

“我只是认为，这并不一定行得通。”母亲说。

“噢？”

“梅琳达和我的关系并不亲密。不对，应该说，一点儿也不亲密。”

“为什么会这样呢？”

“我们的关系一直都不好。她总是一副高傲的样子，她和她的老公只不过拥有一家规模很小的房屋清洁公司，而她也不过是个清洁女工，我真的不知道他们凭什么就这么狂妄自大。”

“如果是这样的话，我就能理解为什么你们俩相处得不好了。”我表示道，“那么，你们还有没有其他的亲戚适合与比利同住的？”

“没有。”

“好吧，可是有一点很重要。那就是，虽然你不喜欢你的姐姐，但是比利似乎对她颇有好感。”

“医生，”父亲终于插嘴了，“我不知道你在影射些什么？你似乎自以为是警察，然后随意地盘问他人。但实际上，我们并没做错什么。如果你一味地坚持要让比利离开我们，那我告诉你，你无权这么做！从小到大，我们为那孩子付出了多少心血？我可以肯定地说，我们一直都是尽职尽责的好父母。”

我感到很可笑，说道：“但是，你们送给比利的圣诞礼物，让我很担心。”

“圣诞礼物？”他们一愣。

“对！据我所知，你们送给了比利一把枪。”

“没错。”

“可那是比利想要的礼物吗？”

“我怎么知道他想要什么礼物！”父亲愤怒道。但刹那间，他的神态又转变为哀愁。“我并不知道，他想要什么样的礼物。

你也知道，这一年来，我们遭遇了太多的变故。对我们而言，这一切就仿佛晴天霹雳一般。”

“我相信你们的艰难。”我说，“可是，我仍然不解，你们为什么要送他一把枪呢？”

“为什么？那是因为，我们没理由不送呀！对大多数与他年龄相仿的男孩而言，枪代表着成年。所以，我认为这是一份好礼物。”

“可是，我并不这么认为，”我从容地说道，“你们的大儿子是举枪自杀的，按理来说，他不应该对枪抱有这样的好感。”

“你是反枪人士吧？”父亲再次略带挑衅地问道，“其实这也没关系，你有权反枪，我本身也不是什么枪支的追捧者。但我认为，会发生这样的问题，原因不在枪，而在持枪的人。”

“没错，就某些方面而言，我确实同意你的观点。”我说，“史都华的确不是因为有枪才自杀的，这其中一定还存在着其他更重大的原因。你们知道可能是因为什么吗？”

“不知道。不是已经说过吗？甚至连史都华的情绪低落，我们都不曾察觉。”

“没错，史都华确实情绪低落。只有情绪低落、郁郁寡欢的人，才会想到要自杀。你们连史都华的苦闷、忧郁都不曾察觉，那就更没有理由会去担心他的身上有枪。但是，现在的情况却不同，你们已经知道比利的情绪低落了！早在圣诞节，你们把枪当作礼物送给他之前，就已经对他的情绪了解得一清二楚了！”

“拜托，医生，你好像没有搞清楚。”母亲接过话茬儿，跟丈夫同一个腔调，“我们真的不知道情况有这么严重，只是单纯地以为，比利是因为他哥哥的死而心烦意乱的。”

“就因为这样，你们不送别的，唯独把哥哥自杀用的枪送给了比利？”

父亲又抢先开口：“因为我们买不起新枪送给他！我想不明白，为什么你总是一直在挑我们的毛病？我们只是普通的工薪阶层，对我们而言，挣钱并不是一件容易的事，而且钱也不是长在树上，或凭空掉下来的。我们已经很努力地想将最好的礼物送给比利。事实上，我们本可以卖了那把枪，把它兑换成现金的，但我们没有这么做。相反，我们把它保留了下来，并将它作为礼物送给比利。”

“可是，你们觉得比利收到这份礼物的时候，可能会有什么样的想法？”我问。

“这话什么意思？”

“你们将他哥哥自杀用的凶器，送给了比利，不就等于要他去步史都华的后尘，一样去自杀吗？”

“我们可没有这么想过！”

“你们当然不会这么想。但是你们敢保证比利不会往这方面想吗？”

“我们认为他不会。派克医生，我们不像你，受过高等教育，是知识分子。我们只是实实在在的工人阶层，不可能做到凡事都想得很周全。”

“也许这是个恰当的理由，但这也正是我所担心的，因为这些事事关重大，你们不能不想。”

我们对视了很久，从他们的表情中，我能清晰地看见，比利的父母在不遗余力地逃避罪恶感。这正是我担心的地方，因为逃避罪恶感，就足以说明他们不愿去正视自己的问题，一味地用谎言在掩饰。一开始，他们还为比利的命运担心，但是，当问题触及到他们自身时，他们却百般狡辩，找各种理由推脱，似乎大儿子的自杀与比利的抑郁症跟他们一点儿关系也没有。我们说逃避罪恶感的人，会变得邪恶，因为他们为了逃避良心谴责所带来的痛苦，会不择手段，采取一切措施。我试图去了解他们的感受，究竟是生气、害怕，内疚，还是苦恼？但我不得而知！他们用谎言把自己裹得严严实实，让我很难看到真相。唯一能够确认的是，他们很排斥我。这一点让我感到很累。其实，我很清楚他们之所以排斥我，是因为我想让他们去面对自己，接受良心的谴责，承认自己的问题，与其说他们排斥我，不如说他们排斥的是他们真实的自己。

我对他们说：“我希望你们可以签名，同意我与比利的姨妈梅琳达聊一聊比利，以及比利的现状。”

“我不签。”父亲说，“家丑不可外扬，我不会同意你把这件事告诉外人的。你可真是自恃高大、自以为是的人物。”

“恰恰相反，”我冷静理智地解释道，“我现在正是尽可能地让影响最小化，只让你们家族之内的人知道。现在，对于比利的情况，只有你们知，比利知，还有我知。但是一旦情况严重到一发不可收拾的地步，我就不敢保证不会有更多的人知道。所以，我觉得很有必要借助梅琳达姨妈的力量，至少我得确定她是不是真的可以帮上忙。如果你们坚持反对我这么做，那我也别无选择，只能一五一十地向领导反映这种情况。我想，到那个时候，商议后的决定一定是认为，我们有义务将比利的案子送交‘州儿童保护局’受理。但我觉得，现在的情形还不至于严重到那种地步。如果梅琳达姨妈能够提供帮助的话，那我们就可以避免去麻烦州政府。不过，归根到底，最终的决定权还在你们二位的手中，就看你们是不是真的完全同意让我和梅琳达谈一谈。”

“噢！医生，对不起，我们刚才只是一时糊涂。”比利的妈妈瞬间转变了态度，和颜悦色地说道，“得知我们的孩子不得不住进精神病院，这对我们而言，是一个很大的打击，所以，我们偶尔会心烦意乱、急躁不安，希望你能够谅解。其次，我们从未和你们这种受过高等教育的人交谈过，所以难免会有些不习惯。这份同意书，我们当然要签。而且，我们也不会反对请梅琳达帮忙。总之，只要是对比利有益的事，我们就会尽自己的所能去做。”

签完了同意书，他们夫妇就离去了。当晚，我和太太参加了一个同事聚会，聚会上，我也比平常多喝了一点酒。

第二天，我联络了梅琳达姨妈，她和她先生得知这样的情况，立即赶来找我。见面后，他们详细地了解了事情的始末，看上去，他们似乎对这件事颇为关心。虽然都得工作，但是他们还是表态，只要不用负担比利心理治疗的费用，他们倒是很愿意比利暂时寄住在家里。很幸运的是，由于他们的尽心尽力，梅琳达所在镇上最权威的心理医生，同意接手比利的案例，在我与他进行了简单的交接工作后，他开始了对比利的长期心理治疗。但是对比利本人，我只是告诉他，我做了一个对他有益的安排。比利到现在还不知道，自己为什么必须要与梅琳达夫妇同住，因为，我觉得他还不具备面对真相的能力。

那么，真相是什么呢？真相就是比利的父母是伪善的恶人。

伪善的恶人最大的问题，在于他们不承认自己不善。拒绝承认不善，人就会走向恶；承认自己不善，人就会变善。对于正常的父母，如果由于自己的疏忽，没有注意到史都华自杀前情绪的变化，一定会为自己的粗心而产生负罪感，这种负罪感会让他们接受教训，进行深刻的反省，避免情况再次出现。与此同时，如果他们发现自己把枪送给比利是犯了一个不可饶恕的罪过时，也一定会深深地自责。显然，比利的父母不是正常的父母，他们不愿意承受良心谴责所带来的痛苦，极力通过狡辩来逃避罪恶感，甚至把送枪给比利这样邪恶的事情，也说得振振有词。

穷凶极恶的人没有罪恶感，所以，什么坏事都能干出来；同样，伪善的人为了逃避罪恶感，什么邪恶的事情都会去干。我曾经说过，不敢面对自己的内心，不敢承担自己应该承担的责任，是人格失调症的表现，但伪善之人不仅不承担自己的责任，还会以毁灭别人的方式逃避责任，所以，他们常常通过寻找替罪羊来掩盖自己的问题，逃避良心的谴责。而这些替罪羊往往就是他们身边最亲近的人。例如，一个6岁的男孩问父亲："爸爸，你为什么叫外婆'贱人'？"父亲听后恼羞成怒，大吼道："我告诉过你，不要来烦我！大人的事情，小孩子不要来管，我现在就要狠狠地教训你，这是你自找的！我要用肥皂水漱你的口，让你受到教训，看看以后别人叫你闭嘴、不要说脏话的时候，你还敢不敢再说了！”于是，父亲拖着孩子来到洗手间，假借“适当管教”的名义，却干出了邪恶的事情。显然，这位父亲大动肝火，是因为儿子让他看见了自己身上的“污秽”，他害怕面对自己的“污秽”，极力逃避，所以就把儿子当成替罪羊痛打一顿。在这位父亲的潜意识里是这样说的：“谁让你指出我的错误的，我不愿意面对错误，可你偏偏要揭我的短，因为你揭了我的短，让我感到很痛苦，颜面扫尽，所以我要狠狠教训你。”

伪善的父母与孩子发生分歧时，永远不会承认自己有错，他们会把一切错误归咎于孩子，给孩子造成极大的压力。从比利父母极力逃避罪恶感的一言一行中，我分明看清了比利和他哥哥遭受的压抑和摧残。比如，当比利和哥哥有正常的情感需求时，父母总会用冠冕堂皇的理由拒绝；明明是父母自己的错误，他们却会轻易将责任推给孩子；明明孩子遭到了漠视，父母却声称自己非常爱孩子。父母永远正确，孩子的压力就会无边。在无边的压力下，孩子怎能体会到生命的快乐呢？孩子体会不到生的快乐，选择死便容易理解了。不在压抑中死亡，就在压抑中疯狂。比利的哥哥史都华不堪父母的压抑，选择了自杀，而比利不堪父母的压抑则选择了疯狂——偷车。如果把人比喻为一管牙膏，遭受到压力，就一定需要一个释放的渠道。正常的释放渠道是牙膏的管口。但关闭管口，遭受压力之后，牙膏就会从别的地方被挤出。

比利去偷车，就是在通过非正常的渠道释放压力。圣诞节时，他本来想要的礼物是网球拍，但却收到了哥哥自杀的枪。面对常有理的父母，他能说什么呢？父母送他这把枪是什么意思呢？难道是要自己像哥哥一样自杀吗？这把枪给比利带来了强大的压力，他内心充满了恐惧和愤怒，偷车，实际上就是发泄这些情绪的一种方式。所以，要彻底解救比利，唯一正确的方法就是让他远离自己的父母。

事实上，比利在几天之内就适应了环境的改变。通过梅琳达姨妈对他的帮助以及护士对他无微不至的照顾，比利在新的生活环境中，病情恢复得很迅速。三周后，比利就出院了，搬到了梅琳达的家里居住，那个时候，比利双手及手臂上的伤口都已经结痂，他甚至还可以和工作人员开玩笑了。六个月之后，梅琳达告诉我，比利现在过得很好，学习成绩又迎头赶上了。比利的心理医生告诉我，他对治疗很有信心，但是对于比利父母的心理状态，以及他们看待自己的态度，他还止于开始探求的阶段。从那以后，我就再也没有打听比利的情况了。至于比利的父母，在比利住院期间，我又见过他们两次，但每一次都只有短短几分钟，而且每一次都是不得不见的。

如何识别伪善之人，远离邪恶

比利的案例说明一个道理：一定要远离伪善的恶人，否则，他们必将扼杀你生命的活力。那么，伪善之人混迹在人群之中，他们就像正常人一样，说着正常人的话，干着正常人的事，我们怎样才能识别出来呢？

首先，是外表。有一句话很有道理："比正常人还正常的人，就很可能是伪善的人，是邪恶的人。"我们说伪善之人特别在乎自己的形象，总是衣冠楚楚，他们与普通人没什么两样，有的也许很穷，有的也许很富，有的受过高等教育，有的则目不识丁，表面上看他们都是脚踏实地的公民，看不出有什么不良嗜好。相反，倒是那些诚实的人却有很多不良嗜好。比如，希特勒可谓是世界上最伪善最邪恶的人，但也是一个生活严谨的人，他不抽烟，不好色，也没有其他坏习惯。相反，斯大林、罗斯福和丘吉尔则嗜烟如命。有人开玩笑说，第二次世界大战的胜利，是三个生活不健康的人打败了一个生活健康的人。从这个笑话中，我们可以看出邪恶的人为了掩饰内心的"恶"，往往最在乎外表的"善"。比利的父母就是这样。虽然他们都是工薪阶层，但是他们衣着得体，上班准时，也不偷税漏税，很难从表面的为人处世上挑出毛病。不过，看不出问题的人，往往隐藏着更大的问题！

其次，伪善的人对伦理道德十分熟悉，也熟悉法律，因为只有这样，他们才能逃避良心的谴责和法律的制裁。伪善的恶人与那些因脑残而犯罪的人完全不同。因脑残而犯罪的人没有罪恶感，也没有羞耻之心，不会遭受良心的谴责，完全是“道德白痴”。如果说因脑残而犯罪的人没有罪恶感，那么，伪善的人就是极力想要逃避罪恶感。伪善的人知道什么事情是违背道德法律的，所以，他们干了邪恶的事情之后自己知道，却会用各种借口和谎言来掩盖真相，毁灭自己邪恶的证据，甚至不惜寻找最亲近的人当替罪羊。比如，当我问比利的父母明知道比利情绪低落，学校又让他们找心理医生辅导，他们为什么不找时。比利的父母立刻警觉起来，因为他们知道忽略这件事，一定会遭到别人和自己良心的谴责，为了逃避谴责，他们便寻找了一大堆理由来逃避。同样，当我问他们为什么要把枪送给比利时，他们知道自己犯了一个不可饶恕的罪过，所以，百般抵赖，极力逃避，甚至还愤怒地指责我管得太多了。一旦我态度强硬起来，他们知道后果严重，又装出一副可怜相，极力配合我。所以，判断一个人是不是伪善之人，关键不是看他犯没犯过错误，而是看他是不是敢于承认自己犯错。为什么伪善会产生邪恶呢？因为伪善之人为了隐瞒、遮挡、逃避犯错的真相，会不遗余力，不择手段，因而就会变得邪恶。邪恶不是起源于有错，而是开始于想要逃避自己的过错。伪善之人也不会像脑残的人那样直接去干坏事，而是会采取迂回间接的方式，比利的父母就是这样，他们试图让自己干的每一件事情都显得合情合理，但却无法逃过我的眼睛。

第三，伪善的人努力追名逐利，不怕吃苦，而且还会有超强的心理承受力。在追求社会地位的过程中，他们愿意去经历艰难险阻，克服困难，经受磨炼，但是有一种特殊的痛苦，他们却不愿意承受，这就是面对良心谴责的痛苦，觉悟自己有罪和不完美的痛苦，以及幡然醒悟的痛苦。由于伪善之人极力逃避自省这一特定的痛苦，所以，他们一般都不愿意接受心理治疗。心理治疗是一种点亮心灯的行为，而伪善之人最害怕的就是见光——他们害怕善良之光，因为这种光能让他们虚伪的本性无处可逃；他们害怕明察秋毫之光，因为这种光能暴露他们的邪恶；他们害怕真理之光，因为这种光能识破他们的谎言。

第四，伪善之人都是“恶性自恋”的人。心理健康的人会努力去爱别人，他们关心所爱之人的需求，把自己的需求暂时放在一边，尽力去满足对方，在这个过程中不仅让对方的心灵获得了成长，而且也让自己的心智得到了成熟。但“恶性自恋”的人则一心考虑的是自己，他们刚愎自用，一意孤行，横行霸道，试图去控制别人，根本不顾及别人的感受，也不承认自己的错误。不管什么时候，都坚持自己是正确的，自己永远有理。比利的父母自认为把比利照顾得很好，甚至还能把送枪这样邪恶的事情说得头头是道，这就是脱离事实的“恶性自恋”。

最后，也是最重要的一点，识别一个人是不是伪善的恶人，还要听从自己的直觉。具体来说，就是心理学上的“反感”。“反感”往往是心理健康之人遇到伪善和邪恶之人时的一种本能反应。虽然我们说不出什么理由，但是总感觉有什么地方不对，有时会心生厌恶，想要立即逃开。我见到比利的父母时，就有很强烈的“反感”的情绪，我不想与他们多接触，只想远离他们。他们身上散发出来的气场，笼罩着欺骗、谎言和邪恶，令我感到恐惧。实际上，只有那些拥有博大胸怀和大智大爱的人，才不会受到伪善和邪恶之人的伤害，而我自认为功底不够，所以，面对这样的人，我只能避之惟恐不及，我认为这也是我们大多数人面对伪善和邪恶最明智的选择。

人的一生，与伪善之人擦肩而过的机会很多，
几乎每碰到一次人性的危机，都与伪善邪恶有关。

第3章

People Of The Lie

压制别人，就是邪恶

在第一章中，我阐述了乔治的个案，乔治为了逃避痛苦，不惜用儿子的生命当赌注，与魔鬼签订了协议，但由于他良心未泯，产生了罪恶感，最终没有沦为邪恶的人。在第二章中，我又讲述了比利的父母为了逃避罪恶感，撒谎成性，使家庭成为了一座坟墓，压抑住了儿子的生命力。在这样的压制下，一个儿子自杀，一个儿子抑郁。压制别人，就是邪恶。所以，他们是真正邪恶的人。

由此可见，罪恶感就像是一盏灯，有了罪恶感，人才能看清自己身上的“恶”，从而走向善；而逃避罪恶感，不愿意承受良心的谴责，心灵就会一片漆黑。这样的心灵不仅无法燃烧出生命的光芒，还会吹熄别人的灯，扼杀别人的生命力。

我所介绍的邪恶之人，都与我所从事的心理医生的职业有关，所以，我担心读者可能会说：“这些邪恶之人或许都是特例，不可能出现在我们的同事、亲人和朋友之中，我们与他们不是一类人。”人们通常会认为，接受心理治疗的人都很变态，他们肯定与常人有不一样的地方。其实在心理医生看来，并不是这样，很多活跃在社交圈和职场上的光鲜亮丽之人，同时也都是在心理诊所中接受治疗的病人。看不看心理医生只是一个形式，敢不敢于面对自己的内心，承认自己的问题，才是核心。不过，我要告诉一个让人震惊的事实——来看心理医生的人大多数都是敢于面对自己内心的人，因为看心理医生的行动本身就证明他们觉得自己有问题，与正常的人不同，他们敢于质疑自己，敢于承认自己的不正常，最后才能变得正常。所以，寻求心理治疗的人是勇敢的人，也是令人敬佩的人。相反，伪善的恶人没有勇气面对自己的内心，他们不承认自己不正常，极力用正常的外表来掩饰自己内心的不正常。即使他们带着别人来看心理医生，但当问题指向他们自己时，他们就会用各种各样的谎言来逃避。所以，伪善的恶人隐藏在我们的身边，一般很难发现，他们可能是某个教会里的执事，或者是一位牧师，也可能是某个慈善机构的工作人员，还可能是学校的校长和老师，甚至，那个一直声称是你最好的朋友的人，就是一个伪善的恶人。正因如此，很多人遭到伪善恶人攻击之后，自己却浑然不知，比利的哥哥就是这样。不过，比利是幸运的，因为偷车，他引起了别人的注意，梅琳达姨妈愿意承担起照顾他的责任，所以最终他没有走向自杀的不归路。

然而，多数被伪善之人祸害的人并没有比利这么幸运。在我们的生活中，许多孩子正在遭受邪恶的压制而没有被发觉。其实比利的个案极为普遍，就连我的小诊所内，每个月几乎都能接诊到一例类似比利父母这样的个案。人的一生，与伪善邪恶之人擦肩而过的机会很多，几乎每碰到一次人性的危机，都与伪善邪恶有关。我主张将“伪善邪恶”一词加入到心理治疗的词汇中。虽然不可否认，这样做的确存在着极大的风险，但倘若不这么做，那么在处理这些个案时，我们将会看不清、道不明，即使想帮助伪善之人，也会感到力不从心，只能充满绝望地与伪善之人周旋。但是与其这样连探讨伪善邪恶之人的勇气都没有，为什么不积极地去面对他们呢？

或许读者会认为，比利的父母确实具有某些伪善邪恶之人的本质。然而，人们却可能只把它当作一个特殊的案例。毕竟，把自杀用的凶器作为圣诞礼物送给亲生孩子的父母没有几个。因此，接下来，我将阐述另一个 15 岁男孩的案例——他也是伪善之恶的受害者。这个案例再一次说明：为了逃避罪恶感，人会用谎言来掩盖真相，欺骗自己和别人，进而压制别人的生命力，毁灭别人的人生。

控制欲强的父母会培养出抑郁的孩子

在踏入心理医生这一职业生涯之前，我曾担任政府机构的行政工作。那个时候，我会不定期地为寻求短期心理咨询的人提供服务，他们多是高官或富裕的律师。鲁先生就是其中一位。他将律师事务所的工作暂时放下，申请了停薪留职，于是在州政府中担任法律顾问。六月份的时候，鲁先生为了儿子鲁克的事来向我咨询。据他所述，鲁克在五月份时，刚满 15 岁，正就读于某郊区的公立学校。鲁克的学习成绩曾经很优异，但初三整个学期下来，他的成绩一落千丈。在学期末的总结会议上，班主任老师告诉鲁先生夫妇，鲁克有希望直接升到高一，但建议他们请教心理医生，找出鲁克成绩下滑的原因。

依照惯例，我先会见了“被认定的病人”——鲁克。他看上去，简直就是“上流社会版”的比利：系着领带，穿着剪裁合身的衣服，一副青春期典型的瘦长身形。他和比利一样，不善言辞，不停地注视着地板。但不同的是，他没有抠自己的手臂，也不像比利那样郁郁寡欢，只是眼神里有着同样的死气沉沉。显然，鲁克并不快乐。

和第一次见比利时一样，我也不知道该用什么来作为和鲁克交流的开场白，而他也不清楚自己的成绩为什么会下滑，也没有发现自己的心情郁闷。他认为，他的生活一切都“很不错”。于是，我决定玩一场我常为青少年患者准备的游戏。

我从桌子上挑了一个装饰花瓶，说：“假设这是一盏神灯，摩擦它一下，就会出现一个精灵，它会帮你实现三个愿望。你可以要世界上的任何一样东西，那么，你首先会想要些什么呢？”

“立体音响。”

我说：“没问题，这玩意儿很时髦！现在，你还可以选两个，但我希望你不要有所顾虑。因为精灵的法力是无边的，它无所不能，只要是你能说出来的，它都能帮你实现。所以，你用不着担心，尽管说出你内心真正的需求。”

“一辆摩托车，如何？”鲁克问道，他的表情不像之前那么冷淡了。到目前为止，至少这场游戏，让他很感兴趣。

“可以啊！”我说，“你的选择很不错！但是，你现在只剩下一个愿望了！所以，一定要选最重要的。”

“好吧，我最想上寄宿学校。”

我很讶异，注视着鲁克，在心中画了个十字。我们交谈的方向与气氛终于一下子步入了正轨，这才是鲁克真实的一面。“这个愿望真有意思，”我表示，“你能不能再多谈一些呢？”

“没什么好说的！”鲁克喃喃自语。

我转而暗示道：“我猜，你可能是因为不喜欢现在的学校，所以才想转学。”

鲁克回答道：“不，我现在的这所学校很好。”

我再度尝试，说：“那么，也许你家里有些事困扰了你，所以你想要离开家。”

鲁克声调中隐含着恐惧，说：“家里还好。”

我接着问：“你向爸妈表达过想上寄宿学校吗？”

“去年秋天说过。”鲁克的声音很低，几乎是在自言自语。

“这确实需要一定的勇气。那他们是怎么说的？”

“不可以！”

“噢？他们为什么这么说？”

“我也不知道。”

“他们说‘不行’的时候，你是怎么想的？”

“没什么。”鲁克回答。

会谈截至此刻，我从鲁克那里获知的信息已经足够了。我想，若要让鲁克对我毫无防备、畅所欲言，恐怕还得花上相当长的一段时间。我告诉鲁克，现在我要与他的父母沟通一会儿，之后我会再和他简单地谈一谈。

鲁克的父母 40 出头，郎才女貌，看上去很般配。他们能言善道，衣着打扮也很讲究，显然出身高贵。

“医生，您真是妙手仁心，愿意和我们见面，”鲁太太边说边优雅地脱下白手套，“您名声在外，肯定很忙。”

我直接问他们，对于鲁克的问题有什么看法。

鲁先生则彬彬有礼地笑着说：“医生，这也是我们来找您的目的。正是因为我们也不知道问题出在哪儿，找不出原因，所以才要趁早采取行动，来咨询您呀！”

他们迅速地用轻松的语调，滔滔不绝地向我陈述了整个事件的始末。开学之前，鲁克曾在网球俱乐部中，度过了一个愉快的夏季。一直以来，他们的家庭都没发生过什么改变。从怀孕到生产、婴儿期、少年期，鲁克一直正常成长，与同伴们也相处得很融洽。他们的家庭中，很少会出现关系紧张的情况，夫妇俩的婚姻很幸福，虽然偶尔也有些小磕小碰，但他们从来不会在孩子们的面前表现出来。鲁克还有一个10岁的妹妹，品学兼优。兄妹俩偶尔会斗嘴，但也不会太离谱。鲁克肯定会认为哥哥不容易当，但这绝对不是他出现问题的根源。从鲁克父母的叙述中，我根本找不出一丝问题的迹象，鲁克成绩下滑的原因简直就成了一个谜。

能和这么有智慧、有教养的夫妻交谈，真的是一件很愉快的事，他们甚至会在我提出问题之前，就告诉我答案。但是，不知道为什么，我却感到有些不安。因为他们太正常、太完美了，我不得不怀疑他们的正常和完美是伪装出来的。

“虽然你们不知道鲁克为哪些事所困扰，但我相信，你们肯定思考过一些可能存在的原因，对吗？”我问。

“这是当然！我们曾怀疑，可能是目前就读的这所学校不适合他。但是目前为止，他在学校的表现一直都不错，所以我们否定了这种可能。不过，孩子都是会变的。说不定，这所学校现在已经不能满足他的需要了！”鲁太太答道。

鲁先生附和道：“我们也想过，让他转学到附近的天主教附属教会学校。那所学校正好就在街上，可就是学费非常贵。”

“你们是天主教徒吗？”我问。

“不是。但我们认为，鲁克也许可以从天主教会学校的校训中获得教益。”鲁先生答。

“那所学校的校训很有名。”鲁太太补充说。

我问：“我想知道，你们有没有想过把鲁克送去寄宿学校？”

鲁先生回答：“没想过。但如果这是您的建议的话，我们会照办的。可是，这得花不少钱，不是吗？现在这些学校的收费都贵得离谱。”

我们相视无语，沉默了片刻之后，我说：“鲁克告诉我，去年秋天，他曾经问过你们，可不可以让他转到寄宿学校。”

“有吗？”鲁先生一阵茫然。

鲁太太接话说：“亲爱的，有这样的事，当时我们还很认真地考虑过。”

鲁先生表示同意：“噢，是的！医生，我们谨慎地考虑过。”

“我猜，你们肯定是不赞成的吧？”

“也许我们在这件事情上确实存有偏见，但那是因为我们不想让孩子在年幼的时候就离开家庭。我想，那些上寄宿学校的孩子，大多数是因为父母不想管他们了。医生，您难道不认为，只有在稳定的家庭中成长起来的孩子，才能成为人才吗？”鲁太太说。

这时，鲁先生插嘴道：“亲爱的，可能医生认为，读寄宿学校才是明智之举。如果是那样的话，我们现在就应该重新考虑了。但是，医生，这是不是意味着，只要我们把鲁克送去寄宿学校，他的问题就可以解决了？”

我有点心绪不宁，因为我感觉到鲁克的父母处理某些事时，错得很离谱，但错在哪里，我难以分辨。他们怎么可能忘记，儿子曾经要求转学到寄宿学校的事呢？但为什么之后又记起来了？我怀疑他们在说谎，而且分明想要掩饰什么。可是我无从得知，也无法确认，但就算我都知道了，那又能怎么样呢？难道我就能仅凭这么一点小事就推断出整件案例的幕后真相吗？

我猜，这个家庭一定在某些地方出了大问题，否则鲁克不会这么迫不及待地想要逃离，这些问题也就可以用来解释他为什么想上寄宿学校。但这只是我的主观猜测，从鲁克的口中，我并没有得知他们家有什么不对的地方。他的父母看上去，有智慧、有爱心、有责任，他们经济宽裕，可为什么却如此精打细算、在乎金钱呢？虽然我有一种预感，寄宿学校才是鲁克最安全的栖身之处，但由于我无法加以证明，所以我不知道该如何说服他们。很显然，我无法保证，鲁克离家求学后，就会变得比较开心，成绩就会得到进步。但如果我迟迟不予以回复，支支吾吾不说明白，是不是会对鲁克造成更大的伤害呢？唉！我真希望自己能够躲开这些问题。

一直在等待着回复的鲁先生，终于开口问道："您是怎么想的？"

我说："首先，我认为鲁克的情绪低落。至于为什么会这样，我并不清楚。通常，15 岁的孩子不会轻易向他人诉说自己的忧郁，这需要花费很多时间和精力，才能探得真相。成绩滑落是他焦虑、忧郁的表征；而忧郁也是因为他在某些地方出现了问题。因此，他需要改变。这种改变不只局限于转学离家，他需要的是彻底的改变，以便能够获得心灵的成长。我想，只有找出问题的症结，对症下药，才能阻止问题恶化。所以，到目前为止，鲁克出现过什么问题吗？"

"没有出现任何问题。"

我继续说道："那么，接下来，我认为你们或许可以送鲁克去寄宿学校。虽然现阶段我还不能保证这是不是正确之举，但这完全是鲁克自己的意愿，我们只要尊重他，就应该错不了！经验告诉我，与他年龄相仿的孩子，是不会轻易提出这种要求的。就算说不出个所以然，但这却是他心中的一种直觉。时隔六个月，他又一次提到转学到寄宿学校的意愿，所以我想，你们确实应该重新考虑这件事，决定是否要尊重他的意愿。你们现在有什么疑问或者不了解的地方吗？"

"都了解。"他们说。

于是，我总结道："如果你们现在必须马上做决定，那么我想，送他去寄宿学校会是一个很好的选择。但事实上，我现在并不能保证鲁克去寄宿学校之后，情况一定会好转。所以，我认为，你们并不一定非要立马做决定，可以再用足够的时间深入地观察一阵子。第一次打电话的时候，我曾说过，我只进行短期的咨询辅导，因此，之后我恐怕不能再为你们提供帮助了！而事实上，我并不是最好的人选。我想把文森特博士介绍给你们，并让他来接手鲁克的案例。碰到内心情感封闭的青少年患者，最好的开导途径之一就是采用心理测验。而文森特是心理学家，他不仅从事测验工作，而且经常评估青春期的孩子，是青少年精神治疗方面的专家。”

“文森特？听上去像是犹太人的名字，对吗？”鲁先生问。

“我也不知道，可能是吧！这个行业中，约有半数人是犹太人。你为什么这么问？”我非常惊讶地望着他。

“哦，不为什么，我没有什么偏见，也不是为了特别的原因。只是有些好奇罢了！”鲁先生答道。

鲁太太接过话茬儿，问道：“这个人是心理学家吗？他的学历背景怎样？如果他不是心理医生，我该不该放心地把鲁克交给他？”

我说：“文森特博士的资历不容置疑，他与任何一位心理医生一样，完全可以信赖。但如果你们希望接手的是别的心理科医生，我也很乐意为你们引荐。但说实话，我没有发现比文森特博士更适合接手你们这个案例的人了！不管怎样，我们最终要为鲁克做一个专门的心理测验。而且文森特博士的收费并不高。”

鲁先生回答：“只要能让我们的孩子的病情有所好转，钱不是问题。”

鲁太太也一边戴上手套，一边说道：“噢！我相信文森特博士应该挺合适的。”

于是，我在诊断书的空白处，写下了文森特博士的姓名和电话号码，并把它交给了鲁先生。“如果你们没什么问题，我现在还想和鲁克见一面。”我说。

鲁先生一脸惊讶，问道：“鲁克？您为什么还要见他？”

我解释道：“因为刚才我跟他说，和你们见面后，我会再和他见一面。这是我对待青春期病患的惯例。这样就可以让他知道，我提出了什么建议。”

鲁太太站起身，说：“我们恐怕得走了！原本，我们并没有打算花这么长的时间。医生您真善良，用了这么多的时间来给我们提供帮助。”说着，她便脱去手套，要与我握手。

我一边握着她的手，一边注视着她的眼睛说：“我必须见鲁克，只要几分钟就好。”

但鲁先生似乎一点也不急，他仍然坐着不动，说道：“我不明白您为什么还要见鲁克？就算您提出了建议，但告诉鲁克有什么意义？毕竟，他只是个孩子，做不了决定。因为，决定权在我们手中，不是吗？”

我表示同意，说：“当然，最后的决定权在于你们，因为你们是他的父母，而且也是你们在为每一个决定付钱。可是生命是鲁克的，他才是我们之所以会坐在这里的原因。所以，我会告诉他，我提出了让他转学到寄宿学校的建议；也会告诉他，我只是建议文森特博士为他治疗，但做决定的还是你们二位。事实上，我会跟他说，父母比我更有条件来了解他。因为，你们已经和他相处了15年，而我却不到一个小时。但是，鲁克有权利知道与自己有关的所有事情。如果你们真的决定带他去看文森特医生，那么就一定要告诉他你们对他的期望，这样对他才算公平。你们觉得呢？”

鲁太太看着鲁先生，说：“亲爱的，我们就按照医生说的最适当的方式去做吧！如果我们现在仍耗在这儿，不断地讨论哲学话题，那接下来的约会，我们就得迟到很久了！”

于是，我又见到了鲁克。我告诉了他我所建议的重点事项，也告诉了他，去看文森特博士时，可能会做一些心理测验，但不用感到害怕，因为几乎每一个做过测验的人都觉得很有趣。鲁克回答说：“没问题。”事实上，他也确实没有再提出任何问题。最后，我递给了他一张我的名片，并告诉他有任何需要，都可以打电话给我。鲁克接过名片，小心地将它放进了皮夹里。

当晚，我与文森特博士通了电话。我告诉他，我已经建议鲁克及其父母转而寻求他的帮忙，但不确定他们会不会采纳我的意见。

一个月后，在一场会议中，我遇见了文森特医生。我好奇地询问了他这个案例的进展情况，但他却表示，鲁克的父母从未联络过他。当时，我非常惊讶。为什么鲁克的父母当着我说一套，背着我又有一套呢？我陷入了沉思，突然一个问题让我猛然一惊，我回想起咨询结束前，当我提出要再见一下鲁克时，鲁克父母的神情和反应：先是鲁克的父母谎称还有约会，言外之意，是告诉我没有时间，宛然拒绝我的要求；接着，是鲁克父亲与我直接展开的辩论。他们是带鲁克来进行心理咨询的，心理医生在咨询结束前要见病人是天经地义的事情，为什么他们的反应会如此强烈呢？唯一的解释是，他们害怕我将讨论的结果告诉鲁克，因为鲁克知道结果之后，他们再想通过欺骗的方式随意压制鲁克就有一定的难度了。换言之，在父母的眼中，鲁克就是一个玩偶，不能有自己的思想和情感，更不能有自己的意志，他的命运只能由父母来决定。于是，我断定鲁克的父母与比利的父母一样也是伪善的恶人。他们伪善，遭殃的便会是孩子。只不过，与比利的父母相比，鲁克的父母显得更有文化、更有教养、更彬彬有礼，而这也正是最令人害怕的地方。邪恶很可怕，但更可怕的是邪恶的人有文化，因为他们把“恶”隐藏得更深，常常害人于无形。虽然我为鲁克的命运感到担心，但却认为，从那以后，我将永远都得不到鲁克的消息了。但事实证明，我错了！

孩子偷窃常常不是为了财物，而是因为压抑

七个月后，也就是次年一月末，鲁先生又一次打来电话，他希望我能够安排第二次辅导。他说：“这一次鲁克可闯了大祸

了！”他告诉我，鲁克的校长给我寄了一封关于“意外事件”的信，这几天应该能收到。于是，我们约定下周再进行会谈。

然而，隔天下午我就收到了来信。寄信人是圣汤玛斯·艾奎奈斯高中的校长罗斯修女。这所学校就在鲁克家附近的郊区。信中写道：

派克医生：

您好！

当我建议鲁先生夫妇为鲁克寻求心理治疗时，他们告诉我，您曾经为鲁克治疗过，而且让我把这封信寄给您。

去年秋天，鲁克从一所公立学校转来本校就读。据悉，他在上一所学校时，学业成绩就已经开始下滑。转来本校后，他的成绩也不见起色，一个学期下来，平均成绩只是C。但是，他在学校的人缘却非常好，深受同学们和老师们的喜爱。他积极参加学校的社团活动，表现得非常不错。课余时间，他都热心地为智障儿童服务，他倾注了很多精力在这些孩子身上。对于这些，我们都看在眼里，年级主任也特别表扬过他。我们大家甚至还为他筹钱，鼓励他去参加圣诞节在纽约举行的以智障为专题的研讨会。

然而，我之所以会写这封信，是因为1月18

日发生了一件事。那天下午，鲁克和另一名同学潜入已退休的老牧师房间，偷走了一块手表以及其他的私人财物。按理说，这样的行为应该受到退学的处分。事实上，另一名同学确实已经被学校开除了，而鲁克并没有！因为我们认为，这次的行为似乎与鲁克平时的品行操守不符，所以虽然鲁克的学业成绩并不理想，但我们还是决定将鲁克留校察看。可是，这必须有一个前提，就是您要帮我们确认，这个决定对鲁克而言是不是最有利的。我们显然都非常喜欢这个孩子，也相信留在学校，对他的成长是很有帮助的。

还有一个信息，或许会对您有用。圣诞节后，甚至在本次事件之前，许多老师都反映，鲁克的情绪似乎很低落。

我将静候您的建议。如果您想获知更详细的情况，请尽管告诉我们。

顺颂时祺！

玛丽·罗斯校长

接下来的一周，在约定的时间里，我见到了鲁克。这次，他和之前一样忧郁焦虑，但不同的是，他的神情中，多了些许冷酷无情，以及强装出来的逞强之气。我问他为什么会闯进老牧师的房间，他说自己也不明白。

“可以告诉我有关老牧师的事吗？”我问。

鲁克略显惊讶地说：“没什么好讲的！”

我接着问：“他这个人好不好？你喜不喜欢他？”

“还可以。以前，他偶尔会请我们去他家吃饼干或喝茶。我想，我应该喜欢他。”鲁克答道。看上去，他似乎从来没有想过这个问题。

“我很好奇，你为什么会喜欢别人的东西？”

“我说过了，我也不知道自己为什么会做这件事！”

“也许你当时只是想找一些饼干？”我暗示说。

“啊？”鲁克一副害羞的样子。

“也许你需要为智障孩子提供帮助，所以你才会想得到它。”

“不是！”鲁克大叫，“我们只是想偷东西！”

于是，我转变了话题，问道：“鲁克，上次我曾建议你去看文森特博士，后来你去了吗？”

“没有。”

“为什么不去？”

“我也不知道。”

“你爸妈没有向你提过这件事吗？”

“没有。”

“这真的很奇怪，为什么会变成这样？你们竟然都没再提起过我的建议？”

“是的，我不知道。”

“上次我们曾提议让你转到寄宿学校就读，你后来和父母沟通过这件事吗？”我问道。

“没有。他们只是跟我说，我就快转到圣汤玛斯中学了！”

“那你有什么想法吗？”

“没什么。”

“如果可以，你是不是还想去寄宿学校？”

“不想，我想留在圣汤玛斯中学。派克医生，请你帮我！”

鲁克突如其来的反应，令我既讶异又感动。很显然，这所学校对他来说很重要，于是我问：“为什么你想留在圣汤玛斯中学？”

鲁克先是一脸茫然，然后陷入沉思。“我不知道，”停顿之后，他又说，“因为我感觉到，他们都很喜欢我。”

我说：“确实是这样的。罗斯修女写了一封信给我，在信中，她很明确地表示，他们很喜欢你，也想让你继续留在学校。既然这也是你的意愿，那么我将给你的父母和罗斯修女提出这样的建议。顺便问一下，因为罗斯修女在信中也提到，你正在积极地帮助那些智障儿童，而且还去纽约参加了研讨会，那么，你能告诉我你的纽约之旅进行得怎么样吗？”

鲁克目瞪口呆地问道：“什么旅行啊？”

“嗯！有关智障儿童专题会议的旅行，罗斯修女告诉我，有人出资让你成行。对于未满 16 岁的人来说，这是一项殊荣，会议进行得如何？”

“我根本就没有去！”

“你没去？”我一愣，接着便开始担心起来。因为直觉告诉我，这其中必有蹊跷。于是，我追问道："你为什么没去呢？"

"爸妈不让我去。"

"他们不让你去？为什么？"

"因为我没有把自己的房间打扫干净。"

"对于这个理由，你是怎么想的？"

鲁克一副习以为常的样子，满不在乎地说："没什么想法。"

我有些生气地说："没什么想法？！你有幸参加的纽约之旅，那么有趣，那么令人兴奋。而这都是凭借你自己的卓越表现而争取来的。结果你父母不让你去，你竟然觉得这没关系？"

"因为我的房间乱七八糟啊！"鲁克看起来很不高兴。

"可是，这样的处罚恰当吗？就因为你没有整理房间，你就不能去参加这次令人兴奋、对你很有教育意义的旅行？你认为，这样的理由充分吗？"

"我不知道。"鲁克默默地坐着不动。

"对于这样的决定，你失望或者生气吗？"

"我不知道。"

"会不会是因为你太失望、太生气了，所以才会潜入老牧师的房间？"

"我不晓得。"

是啊，他怎么会知道是什么原因呢？他之所以会有这样的举动，完全是出于潜意识。于是，我轻声地问道："那么，你是否曾经生过父母的气？"

他继续盯着天花板，说："他们还不错。"

和以往一样，鲁克神情沮丧、忧郁，而他的父母彬彬有礼、沉着冷静。

见完鲁克后，鲁先生夫妇来到了我的办公室。鲁太太先说道："很抱歉，医生，又一次麻烦您。"她坐下来，一边脱着手套，一边笑着说："真希望以后可以不用再为鲁克的麻烦事来找您了！那么，您是不是已经收到校长寄的信了？"

"是的，收到了。"

鲁先生说："我和我太太都很害怕，可能这个孩子已经误入歧途，成了罪犯。我们很后悔当初没有听取您的建议，送他去您推荐的医生那里接受治疗。那位医生叫什么来着？好像是个犹太人？"

"文森特博士。"

"是的，也许我们早就应该带鲁克去见文森特博士的。"

"那你们为什么没有这么做呢？"

我想，在找我之前，他们就应该知道我们肯定会谈到这个话题。我猜他们肯定预先将答案设想得很周全。而实际上，他们也确实没有浪费时间，一开始就主动地提出了这个话题。但我很好奇，他们会如何作答。

鲁先生轻松以对："您曾说过，这是鲁克的人生。所以我们以为，您的意思是说，这件事应该由鲁克来决定。但他似乎并没有多大的兴趣，所以我们就认为他不愿意去接受文森特博士的辅导，而我们也不想给他施加任何压力。"

鲁太太接着补充道："另外，我们也顾虑到了鲁克的自尊。他这个年龄，很看重自尊，医生您觉得呢？他在学校的成绩并不优秀，所以我们担心，看心理医生会影响他的自信……但事实证明，可能是我们错了！”她露出一丝迷人的微笑。

不得不说，他们真的很聪明！短短几句话，他们就把整件事情的所有责任推卸到了我和鲁克的身上。而我竟然也提不出什么论点来与他们争辩。于是，我问：“你们知不知道鲁克为什么会卷入这次的偷窃事件？”

鲁先生回答：“医生，我们完全不知道。当然，我们曾经试图和他沟通，可是他什么也不愿意对我们说。”

在这里，我们需要来分析一下很多孩子偷窃行为的本质。在比利的案例中，我们可以看到，比利去偷车是因为内心的恐惧和愤怒，他的父母把哥哥自杀用的枪送给了他，比利在潜意识中感受到了巨大的恐惧和愤怒，这种强烈的情绪驱赶着他，就像可怕的恶念驱赶着乔治一样，让比利身不由己去偷车，以便释放心中的恐惧和愤怒。同样，在鲁克的案例中，鲁克的偷窃也不是为了那些私人财物，而是因为生气和压抑。

于是，我对鲁克的父母说：“偷窃通常是一种愤怒的行为。你们知不知道鲁克最近可能因为什么而生气？他是在生这个世界的气，还是在生学校的气？或者是在生你们的气？”

“医生，据我们所知，他没理由生气呀！”鲁太太回答。

“那么在偷东西之前的几个月，你们能不能想到有什么事情让他很生气，甚至怀恨在心？”

“不能。”鲁太太再度回答，“我们说过，我们完全摸不着头脑。”

“我知道，是你们不让鲁克在圣诞节去纽约，参加以‘智障’为主题的研讨会的。”我说。

“啊？鲁克是因为那件事不高兴的吗？”鲁太太惊叫道，“可是，我们不让他去的时候，他没有一点不高兴的样子啊！”

我说道：“鲁克很难表达他自己的愤怒，这其中绝大部分是因为他个人的问题。我想知道的是，你们在决定不让他去的时候，有没有想过他可能会因此而难过？”

鲁太太有点不高兴地说：“我们又不是心理学家，怎么会预先想到这些事情呢？我们只做我们认为对的事。”

此时此刻，我眼前突然浮现鲁先生参加各种“权力研讨会”的景象：一群政客无休止地针对某一决策进行预测与讨论。但不同的是，我们之间没有必要再争论什么。

我又问：“你们为什么会认为，不让鲁克去纽约就是正确的决定呢？”

“因为他没有整理房间。我们一再地叮嘱他，一定要把房间整理得井然有序，这样才配去纽约。可是，他就是不听。”

我开始愤怒了：“我实在不明白，整理房间与去纽约之间有什么冲突！我不认为你们期望他把房间整理干净是合乎实际的。对于15岁的男孩来说，把房间整理得有条不紊，并不是一件很常见的事。如果他能够做到，我反倒要担心起来！我认为，单凭这一点，你们就不让孩子去参加对他而言既有趣、又很有教育意义的旅行，是很没有说服力的。”

面对我的质问，鲁太太却语调平和，缓缓道来："实际上，这是因为我们对这件事还心存疑虑。我们不确定让鲁克参加这种智障儿童的活动是不是正确。毕竟，智障儿童难免会有心理不健康的问题。"

我感到很无语。

鲁先生又说道："很高兴，我们能这样闲聊。但是现在我们必须进入正题，否则这孩子就要变成罪犯了！夏天的时候，我们曾经提到过送他去寄宿学校的建议。医生，您现在还认为应该这样吗？"

"不是。六月份时，我确实提出了这个建议，当时我便感到不安，所以希望你们在做最后的决定之前，能够先请教文森特博士。但是现在，对于这个决定，我感到越来越不安！鲁克告诉我，他很喜欢现在就读的这所学校，他觉得自己在那里得到了关爱。如果现在再突然让他转学，他一定会更加痛苦。所以，目前为止，我想再次建议你们带鲁克去见文森特博士。除此之外，你们不需要采取任何行动。"

鲁先生生气地嚷道："那您的意思是说，我们必须再次回到原点？医生，您确定没有更好的方法吗？"

"事实上，我的确还有一个办法。"

"是什么？"

"我非常希望你们两位也能接受心理治疗，事实上，你们也很有这个必要。"

突然，气氛陷入了一片死寂。然而，很快鲁先生便露出了微笑，他从容地说道：“医生，这真是有趣极了！我很想知道您为什么会这么认为。”

“我原本以为你们会不高兴，但你们似乎很感兴趣。在我看来，你们好像对鲁克缺乏足够的理解，所以我才会这么建议。因为只有亲自接受了心理治疗，你们才能更好地了解鲁克。”

鲁先生继续沉住气，有礼貌地说：“医生，我真的没有一丁点的夸张，但我确实非常好奇，您竟然会提出这么有趣的建议。我们和别的孩子相处起来，没有任何问题，而且我在自己的专业领域里表现得非常杰出，我太太也是如此。她是社区活动的领导人，是区域委员会的成员，同时她还积极地处理教会活动的诸多事务。可您却认为我们心理不正常，我觉得真是太有趣了！”

我说：“那你的意思是说，你们很正常，心理很健康，是鲁克有病喽？当然，鲁克表现在外的问题确实很明显，但是你们必须知道，鲁克的问题就是你们的问题。我认为，过去十多年，你们在处理鲁克的问题上，选择的方式都是不正确的。”

“当初，鲁克很希望转学到寄宿学校，可是你们不假思索就拒绝了他，甚至没有想过他为什么会有这样的想法；如今，他在学校备受肯定，在社团的表现也尤为突出，而你们却不屑一顾。我并不是故意想说，你们就是想伤害鲁克。但从心理学的角度来看，你们的所作所为确实预示着，你们对鲁克心怀恨意——凡是他感兴趣的事情，你们都要反对。”

“医生，很高兴您提出了自己的看法。但这只是您的个人观点。当然，我承认，对于快要变成罪犯的鲁克，我已经开始有点恨意了。我知道，也许在心理学家认为，我们既然身为父母，就必须为鲁克犯下的每个错误负责。但说得容易，做起来难。你们并不需要像我们一样，每天卖力地工作，只是口头建议我们给他提供最好的条件、最好的教育以及最稳定的家。一旦出了问题，你们只需把矛头指向我们，其他的什么也不必做。”鲁先生流畅地说道。

鲁太太附和道：“医生，我先生想说的是，或许这背后还有其他的原因。例如，我的叔叔是个酒鬼，而鲁克是不是因为遗传了不良的基因，才会出现这样的毛病？是不是无论我们怎么治疗，最后都是无济于事？”

我感到略微的惊恐，注视着他们，说：“你们的意思是不是想说，鲁克可能无药可救了？”

鲁太太平静地说道：“我们实在不愿意这么想。我真的希望能有什么药物可以救助他。但是很显然，我们不应该凡事都寄希望于医生，不是吗？”

我不知道自己还能说些什么，但我一直提醒自己，必须保持绝对理性的态度。于是，我说：“精神病确实可能是遗传。但在鲁克的案例中，我并不能找出任何证据证明，他的忧郁症属于这类情况。而且到目前为止，他的情况也不至于糟糕到无药可救的地步。相反，如果现在你们能够帮助鲁克了解他自己的情感，同时改变你们对鲁克的态度，那我相信，一切问题都可以迎刃而解。虽然对于现在的诊断，我不敢做百分之百的肯定，但以我多年的临床经验来看，诊断的正确率应该有百分之九十八。如果你们仍然不相信我的诊断，你们可以去咨询其他的心理科医生。我可以向你们推荐人选，当然你们也可以自行寻找。但是，我唯一要强调的是，现在的时间很紧迫，鲁克必须得到尽早的治疗以及适当的辅导，否则问题会变得一发不可收拾，到那时我便不敢肯定，鲁克是否还有救。”

然而，鲁先生却摆出一副诉讼律师的样子，不耐烦地说：“所以，这只是医生您的看法，对吗？”

我表示同意地说道：“对，这确实只是我个人的观点。”

“您只是在猜想，并没有科学实证，对吗？事实上，您并不知道鲁克的问题出在哪里，不是吗？”

“是的，我并不知道。”

“所以，实际上，鲁克的问题既有可能是遗传，也有可能真的无药可救。而您目前也并不能得出结论。”

“是的，这种可能性确实存在，但微乎其微。”我停顿了一会儿，点燃一根烟，双手直发抖。我望着他们说：“你们知道吗？我现在唯一能感受到的是，你们宁愿相信鲁克无药可医，放任他走向毁灭，也不愿相信你们自己才是需要治疗的人。”

突然，我从他们的眼神中，读到了完全兽性般的恐惧。但很快，他们又恢复了高雅的姿态。

鲁先生辩解道：“医生，我只是想把事情弄清楚。可您不能因为这个就批评我们。”

我感觉自己就像是在对牛弹琴。于是，我继续发表自己的观点：“很多人都害怕接受心理治疗，这是一种很自然的表现。在没有正视自己的内心之前，每个人都害怕自己的思想及情感遭到窥视。所以，虽然违反了我一贯只进行咨询的原则，但我还是愿意尽我所能地与你们一起去面对，希望你们能够感觉到轻松自在，也希望你们和鲁克都能得到所需的帮助。”

当然，我并没有奢望他们会接受这个建议，老实说，我甚至希望他们不要采纳。但是基于自己的良知，我觉得应该这么做，因为我已经发现，与他们共同面对问题并不是什么乐事，所以我更不能毫不迟疑地将他们转给其他的医生。七年多来，在经历了比利的个案后，我对于处理棘手的病例已经颇有心得了！

鲁太太亲切地说：“噢！医生，我相信您是对的。跟人谈话，感觉到有人可以依靠，确实很不错。但同时，这既花时间又浪费钱。真希望我们是高收入者，能够负担得起这些费用。只可惜，我们还得抚养两个孩子成长。如果每年还得花几千元接受心理治疗，那我们真是吃不消。”她看上去就像是在茶会上聊天那么自然，一点也不觉得自己的话有什么问题。

“我不知道你们是不是高收入人群，但我知道，你们肯定加入了医保。在每个地方的心理门诊处，你们都可以享受到最优厚的福利。如果你们仍然担心费用的问题，那你们可以考虑请心理医生对你们进行家庭式治疗，二位可以和鲁克一起参加。”

鲁先生站起身，说：“医生，这次的会谈很有趣，也很有启发意义。但是很抱歉，我们似乎占用了您太多的时间，而现在，我也必须回办公室去了！”

“可是，鲁克怎么办？”我问道。

鲁先生冷漠地看着我，说：“鲁克？”

“对呀！他学业成绩不好，情绪低落，私闯民宅行窃，惹上了一些麻烦。我很好奇，他日后会变成什么样子。”

“我们肯定会在鲁克的身上多花心力的。医生，您也给了我们很多建议，您对我们的帮助最多。”

很明显，不论我满不满意，这次的会谈已经结束了。我边起身边说：“我真的希望你们能够仔细考虑考虑我提出的建议。”

“当然会的！医生。”鲁太太从牙缝里很不情愿地挤出了这几个字，声音很轻。

像上次一样，他们夫妇仍想阻止我再度与鲁克谈话，但我坚称：“他不是一件物品，而是一个生命，他有权知道与自己有关的任何事！”

于是，我得以再度与鲁克对谈。我发现，他的皮夹里还放着我的名片。我对他说，我会告诉罗斯修女，建议让他继续留在圣汤玛斯中学。而且我也表示，希望他能够去寻求文森特医生的诊治，同时建议他与他的父母一起接受心理治疗。我告诉他：“发生这样的事件，并不全是你自己的问题，至少你父母的问题会比你多。我想，他们并没有用适当的方式来了解你。但愿心理治疗能帮助你走出困境。”

如我所料，告别的时候，鲁克仍没有给我任何表示。

三个星期后，我收到了鲁太太寄来的一封信，信里附着一张支票，以及用她的私人信纸写的简短文字：

亲爱的派克医生：

您真是善良，上个月又再度与我们会面。我先生和我都非常诚心地感激您对鲁克的帮助和关心。我想告诉您，我们已经遵照您的建议，把鲁克送去寄宿学校就读了！那是一所军校，位于北卡罗来纳州。这所学校在处理孩子行为问题方面颇有声誉。我们相信，鲁克的未来会越来越顺利。真的很感激一直以来，您为我们所做的一切。

读完这封信，我真的无言以对，很是抓狂。在那次咨询中，我明明说得十分清楚，建议鲁克继续留在圣汤玛斯中学，因为他在那所学校能感受到别人的尊重和关爱。但是，鲁克的母亲却故意歪曲我的意思，说我建议将鲁克送去寄宿学校。不过，在那一刻，我也深刻理解了鲁克的处境：面对如此撒谎成性的人，我都快被他们逼疯了，不知说什么才好，更何况鲁克。有了这种亲身的感受，我更加坚信：父母的伪善和压制是鲁克抑郁的真正原因。

邪恶总是隐藏在谎言中

很显然，相比之下，从比利和他父母的个案中，我们很容易就能察觉到伪善和邪恶。因为，把用来自杀的凶器当作礼物送给孩子，是人们普遍都能认识到的严重的伤害行为，这绝对是一种邪恶。所以，我把这个案例放在了前一章。而这一章中的鲁克父母并没有什么明显的暴行，我们只能从他们不准许鲁克参加旅行和选择学校这两件事情上，去分析他们的伪善和邪恶。但是，我并不能因为鲁克的父母在这些决策上的观点与我不一致，而认定他们是伪善和邪恶的。然而，事实上，如果我真的这么做了，那我就是在压制别人，胡乱地将恶套在每个反对我意见的人身上。而这样一来，我自己就成了“恶性自恋”的邪恶之人了。

从前面我们给邪恶的定义可以看出，邪恶的本质就是用谎言来维护病态的自我。换一句话说，邪恶总是隐藏在谎言中。毋庸置疑，鲁克的父母就是撒谎成性的人，而鲁克则成为了他们用谎言维护病态自我的牺牲者。对此，我有责任进一步深入地论述。鲁克与比利相比，前者更是典型的替罪羔羊。在比利的个案中，邪恶显而易见。然而，大多数邪恶的人却很少这么赤裸，他们通常看起来普通，表面上正常，甚至让人觉得理所当然。就像我先前说的，邪恶的人都擅长伪装，他们会故意地对别人，甚至是对自己，隐藏最真实的面貌。因此，我们几乎不能只凭某人的一次行为，就断定他是邪恶之人。我们应该从整体出发，去看他的行为模式、举止和态度，以此为基础来加以评断。例如，我们不能因为鲁克的父母为鲁克选了他不愿意去的学校，或者因为他们不听取我的建议，而断定问题就在鲁克父母的身上。而是因为在一年的时间里，类似的情况接连发生了三次。鲁克的父母并非只是偶尔地忽略了鲁克的情绪感受，而是自始至终都对鲁克缺乏关心。

那么，难道这就是邪恶吗？为什么不能说鲁克的父母麻木不仁呢？因为，实际上，他们的感觉一点也不迟钝。他们的智商高，有能力巧妙地跟紧社会的步调。他们不是生活在贫困山区的没有见过世面的农民，而是在社交和职场呼风唤雨、举止高雅、手腕独到的高级知识分子。如果直觉迟钝，那他们就不会有今天的这番作为了。鲁先生不会拟定思虑欠周的法律决策，鲁太太也不会忘记什么时候要给什么人送鲜花，而他们却偏偏不会替鲁克着想。事实上，他们从潜意识中已经把鲁克当成了一个玩偶，或者是一具行尸走肉，他们不允许鲁克有自己的思想和情感，不允许鲁克有自己的选择和人生。但是，鲁克不是一件物品，他是有血有肉、有思想有情感的人。这就引出了一个值得深思的问题：为什么鲁克的父母要压制鲁克，并试图把鲁克变成一具行尸走肉呢？原因在于，他们为了维护自己病态的自我。这种病态的自我，就是广义上的“恋尸癖”，喜欢把“活”的东西，变成“死”的东西，以便于自己牢牢掌控。也就是说，鲁克父母的病态是对控制别人上瘾，不仅要在官场上去控制别人，而且更要控制自己的儿子。与此同时，为了掩盖自己的病态，他们不断说谎，声称自己的行为都是为了爱孩子。

读者从我与鲁克父母的谈话中，肯定能找到10至20个谎言。在此，我们又一次见到了邪恶之人最显著的特点——撒谎成性。鲁克的父母就是这样的人，他们活在谎言里，习惯性地一直对我撒谎。虽然这些谎言都不痛不痒，不至于严重到必须诉诸法庭，但对于整个谈话的过程而言，它们很具说服力。然而，事实上，就连他们来找我咨询，都是一种谎言和欺骗。

既然鲁克的父母并不是真正地关心鲁克，甚至对于我提出的建议一点儿也不在乎，那他们为什么要来找我做咨询呢？一个重要的原因是，他们只是故意摆出想要帮助鲁克的样子，以做给别人看。因为学校已经建议他们要为鲁克寻找心理医生，如果他们不采取行动，就会显得很不称职。所以，他们便找到了我。这样的话，若是有人问起：“你们带孩子去看医生了吗？”他们就可以名正言顺地说：“当然！我们去了好几次，只是好像没有任何效果。”

我曾经一度陷入不解：既然第一次会面的时候，鲁克的父母已经感觉到不愉快，而且他们明知再见面的时候，我一定会问他们为什么不采纳我的建议，可他们还是带着鲁克来了。这简直是件奇怪的事情。但是后来，我想明白了。我记得自己曾经告诉过他们，我只进行简短的咨询。这就意味着，他们找过我后，完全不需要面对接受我的建议的巨大压力。事实上，他们早早地为自己留下了广阔无边的退路。

邪恶之人最擅长伪装，他们总是刻意地隐藏自己的另一面，表现出来的多是虚情假意的爱。鲁克的父母即是如此，他们一直试图伪装成尽职尽责、富有爱心、关心孩子的父母。之前我曾说过，恶人总是刻意地欺骗别人，甚至也会刻意地欺骗自己。所以，我深信，鲁克的父母一定自认为对鲁克倾尽全力。我想，当他们说出“已经带鲁克看过好几次心理医生，可依然不见丝毫效果”时，他们早已将事实抛在脑后了。

经验丰富的心理医生都见识过很多狠心的父母，而这些父母大多数都会伪装出充满爱的样子。当然，我们并不能将他们全都归为恶人。

但我认为，从某种程度上说，这多多少少与布伯对恶人的两种划分不谋而合。布伯认为，恶人可分成“逐渐堕落的恶人”与“已经堕落的恶人”。虽然，我并不清楚这两者之间的主要区别是什么，但我确定鲁克的父母已经是“逐渐堕落的恶人”！理由如下：

第一，他们宁愿牺牲鲁克，也要保全完美的自我形象。当我建议他们接受心理治疗时，他们一味地推诿，宁可认为鲁克是“基因遗传的罪犯”，不惜把鲁克当作替罪羔羊，认定他无药可救，也不愿意承认自己有心理问题。因为承认自己有心理问题，他们的形象就会受到损伤。这再一次证明，逃避罪恶感，人就会走向邪恶。

第二，他们撒了一连串的谎，严重地扭曲了事实。比如鲁太太在信中写道："我想告诉您，我们已经遵照您的建议，把鲁克送去寄宿学校就读了！"这简直是胡说八道。事实上，我的建议明明是，不让鲁克离开圣汤玛斯中学。他们义正词严地说已经采纳了我的建议，可他们的作为却与我的建议背道而驰。我首要的建议是希望他们也接受心理治疗，可实际上，他们根本就对我的建议置若罔闻。在那封短短的信中，他们并不是单纯地只说了一个谎，而是几个谎言串联在一起，严重歪曲了事实。他们这种是非倒置的行为，真是令人惊叹！我相信，鲁太太在写着"我们已经遵照您的建议……"的同时，她的确自认为已经遵照了我的建议。布伯在《善与恶》一书中说得好："在灵魂的晦暗深处，孤单的灵魂在不可思议的捉迷藏游戏中，自觉地闪避、躲藏。"

比利和鲁克的个案中，还存在着另一个典型的、很有意思的现象：他们的父母都同属一个步调，都是从一个鼻孔出气，不能只说其中的一个伪善和邪恶，而忽略了另一个。以此推论，鲁先生与鲁太太一样虚伪，他们都参与制定了具有毁灭性意义的决策。一旦他们难以承受鲁克所面临的问题时，即当问题指向他们自己时，宁可相信鲁克无药可救，也不愿承认自己有问题！

压制别人，就是邪恶

谎言的背后隐藏着邪恶，而邪恶攻击的目标常常是孩子。因为孩子既是社会中最弱势、最容易受伤的群体，又是完全没有自主权的生命体——父母对于他们享有绝对的专制与权威，近似于主人支配奴隶。虽然因为很多孩子并不成熟，甚至对父母非常依赖，所以父母不得不具备更高的权力。但事实上，父母所握有的权力与其他的权力，在本质上并没有什么不同，因此父母们也可能会出现恶意地滥用权力的情况。另外，父母与孩子之间还存在着天生的强制性的亲子关系。主仆关系不和睦时，主人大可将奴隶卖掉。但不同的是，就像孩子不会离开父母一样，父母也很难离开孩子，或是摆脱孩子带来的压力。

杀戮是恶，因为它把鲜活的生命变成了尸体。同样，压制别人的生命力和创造力，限制别人思想自由，阻碍别人心灵成长，一味地控制别人、操纵别人，试图把别人变成行尸走肉，更是一种普遍存在的恶。从广义的角度来看，这些心理和行为都具有“恋尸癖”的倾向，都喜欢把“活”的东西变成“死”的东西，把充满生机的东西变成死气沉沉的东西。从鲁克的案例中，我们可以看出，鲁克的父母一方面用谎言逃避罪恶感，一方面又不择手段压制鲁克，不让鲁克上寄宿学校，不让他去纽约参加智障儿童研讨会，总之，凡是鲁克高兴的事情，他们都极力反对，不允许鲁克有自己的想法和感受。实际上，他们这样做的目的，就是试图用手中的权力把鲁克变成一具行尸走肉。

对于正在成长中的孩子来说，父母最应该给予的是爱。爱的目的，是要帮助孩子确立独立的人格，而不是让他的人格依附于父母；是要让孩子勇敢地去追逐自己的梦想，而不是让孩子替父母圆梦；是要让孩子自己去体验生活，而不是要父母替孩子生活。真正爱孩子的父母都明白，爱孩子，就要尊重孩子，尊重他们的意愿和感受，尊重他们有做决定的权力；爱的最终目标，不是要成为孩子生活的中心，而是要从孩子生命的重心中逐渐抽离出来，让孩子去走自己的路。这样的爱不仅能促进孩子的心灵成长，同样也能促进父母的心灵成长。但遗憾的是，需要真爱的孩子，往往得到的却是恶。很多“恶性自恋”的父母，他们不尊重孩子的感受和想法，一味压制孩子，使孩子无法形成完整的自我界限和独立的人格。对于这些父母，诗人纪伯伦这样批评道——

你的孩子，其实不是你的孩子。
他们是生命对于自身渴望而诞生的孩子。
他们借助你来到这世界，却非因你而来，
他们在你身旁，却并不属于你。
你可以给予他们的是你的爱，却不是你的想法，因为他们有自己的思想。

你可以庇护的是他们的身体，却不是他们的灵魂，

因为他们的灵魂属于明天，属于你做梦也无法到达的明天，

你可以拼尽全力，变得像他们一样，

却不要让他们变得和你一样，

因为生命不会后退，也不在过去停留。

你是弓，儿女是从你那里射出的箭。

弓箭手望着未来之路上的箭靶，

他用尽力气将你拉开，使他的箭射得又快又远。

怀着快乐的心情，在弓箭手的手中弯曲吧，

因为他爱一路飞翔的箭，也爱无比稳定的弓。

不管父母口口声声说自己多么爱孩子，只要他们不接受孩子的独立性，压制孩子的思想和情感，这都不是爱，而是恶。受到压制的孩子会像比利和鲁克一样，把愤怒压抑在心中，其结果不是偷窃，就是抑郁。所以，压制别人，就是邪恶。

夫妻之间真正的爱，不是树缠藤，
也不是藤缠树，而是彼此独立、心心相印。

第4章

People Of The Lie

恶，总是出现在需要爱的地方

我一再强调，爱是为了促进自己和他人心智成熟，而不断拓展自我界限，实现自我完善的一种意愿。这个定义告诉我们，爱的最终目的，是自我完善。要实现自我完善，就要找到自我，如果连自我都找不到，还怎么谈完善自我呢？在父母与孩子的关系中，父母给予孩子爱，是为了让孩子成长为独立自主的人，而不是依赖父母的人。爱是一种关心，而不是控制。在比利和鲁克最需要关心的时候，得到的却是控制。这种控制使他们无法形成完整的自我界限，只能导致自我的沦丧。换言之，在比利和鲁克最需要爱的时候，得到的却是恶。

恶，总是出现在需要爱的地方。父母与孩子之间需要爱，常常得到的却是恶。同样，婚姻关系中需要爱，常常出现的也是恶。在充满爱的夫妻关系中，丈夫爱妻子，就不会去控制妻子，他不会干涉妻子作为独立个体的自由，更不会把妻子当成自己的附属品。与此同时，妻子也不会过分依赖丈夫，虽然她需要丈夫的关心和呵护，但却有自己独立的人格。这样的爱会给双方独立成长的空间，不会让人感到压抑和窒息。关于夫妻之间的爱，纪伯伦说：

你们的结合要保留空隙，
让来自天堂的风在你们的空隙之间舞动。

爱一个人不等于用爱把对方束缚起来，

爱的最高境界就像你们灵魂两岸之间一片流动的海洋。

倒满各自的酒杯，但不可共饮同一杯酒，

分享面包，但不可吃同一片面包。

一起欢快地歌唱、舞蹈，

但容许对方有独处的自由，

就像那琴弦，

虽然一起颤动，发出的却不是同一种音，

琴弦之间，你是你，我是我，彼此各不相扰。

一定要把心扉向对方敞开，但并不是交给对方来保管，

因为唯有上帝之手，才能容纳你的心。

站在一起，却不可太过接近，

君不见，教堂的梁柱，它们各自分开耸立，却能支撑教堂不倒。

君不见，橡树与松柏，也不在彼此的阴影中成长。

夫妻之间真正的爱，不是树缠藤，也不是藤缠树，而是彼此独立、心心相印。这样的爱能不断拓展双方的自我界限，让彼此的心灵都获得成长。相反，如果一方把自己的自我依附于另一

方，或者一方极力要控制另一方，这就不是爱，而很可能产生恶。在现实生活中，许多夫妻常常打着爱的旗帜不给对方保留空隙，他们把彼此的自我相互重叠，让对方生活在自己的阴影中，从而让对方感到压抑和窒息。实际上，这些夫妻之间没有真正的爱，更多的是控制和操纵，他们的关系是一种压制和被压制、奴役和被奴役的关系。下面的案例就清楚地说明了这一点。

要敞开心灵，但不要把心灵交给对方管理

夫妻之间需要敞开心扉，彼此坦诚，但却不要把自己的心灵交给对方管理。把心灵交给对方管理，意味着失去自由和自我，意味着奴役和被奴役。亨利的案例就是如此。

第一次见到亨利时，他刚从州立医院出院一个星期。在此之前，他于某个周末的上午，用剃须刀割伤了脖子的两边，然后光着上身，从浴室跑了出来。客厅里，桑德拉正在认真地核对着账目。突然，亨利尖声大叫道："刚才我又自杀了！"

桑德拉转过身，眼看着鲜血从他的身上滴落下来，她立马报了警。接到警方通知的救护车迅速地赶到，并把亨利送进了急诊室。庆幸的是，亨利的刀伤并不算深，还没有触及到动脉。所以，医生在将他的伤口缝合后，便把他转送到了州立医院。这是

五年来，亨利第三次因自杀未遂而被送进州立医院。

因为亨利夫妇最近搬到了我们区，所以医院方面便决定，将出院后的亨利转到我的诊所进行后续的治疗。亨利的出院诊断书上写着："更年期抑郁反应症，已服用大量的抗抑郁药物及镇静剂。"

我来到候诊室迎接亨利。只见他安静地坐在妻子的身旁，一直呆呆地盯着某处看。亨利中等身材，是个忧郁、阴沉的老人。他蜷缩在角落里，看起来比实际更瘦小。我注视着他，感觉到他真的很累。虽然亨利像黑洞一样阴沉，但我还是尽力装出欢迎他前来的样子，我走上前对他说："我是派克医生，请您跟我来办公室！"

"我太太也能进去吗？"亨利近似恳求地小声说道。

我望了桑德拉一眼。她瘦骨嶙峋的，虽然比亨利娇小，但看起来却好像比亨利更高大。她边笑边说："医生，如果您不介意，那我也进来咯！"她的微笑里并没有多余的欢乐，因为她嘴角的皱纹透露出了她淡淡的愁苦。她戴着一副金丝边眼镜，我不自觉地把她和教会的修女联想在了一起。

"你为什么要桑德拉和你一起进来？"稍微坐定后，我便问亨利。

"有她在，我比较自在。"他冷漠地答道，完全只是在陈述事实，没有丝毫的感情色彩。

我想，当时我肯定很不以为然。作为一个成年人，亨利完全有权力自己做决定，他不需要依赖于别人，哪怕是自己的妻子。

因为夫妻之间真正的爱，就是要在彼此的关心和鼓励中，让对方更独立、更完善。看来亨利似乎缺少独立的人格。

接着，桑德拉大笑说：“哈哈，医生，亨利一直都这样，他一刻也不愿意离开我！”

我问亨利：“是不是因为你的依赖心重？”

他迟迟地答道：“不是。”

“那是因为什么呢？”

“因为我害怕。”

“你害怕什么？”

“我也不知道，就是怕。”

“医生，我想他害怕的是他产生的念头。”桑德拉突然插进话，用命令的口吻说，“亨利，继续说啊，你可以告诉医生你的那个念头！”亨利沉默不语。

“亨利，桑德拉所指的念头是什么呢？”我问。

“与‘杀’有关的念头。”亨利冷淡地回答。

“杀？你是说，你的心里有一股想要毁灭什么的念头？”

“不是，只是‘杀’。”

我说道：“我没有理解你的意思。”

亨利冷漠地解释道：“只是说‘杀’这个字而已。它总是深藏在我的内心，随时随地都可能现身，但事实上，它的出现多半是在早上。几乎每天早上，我一起床刮胡子，看着镜中的自己，这个念头就出现了！”

我追问：“你是说，它像是一种幻觉，还是你听到一种要你去

‘杀’的声音？”

“不是，它不是一种声音，只是我心中的一个字而已！”

“在你刮胡子的时候出现？”

“是的。所以，每天早上醒来的时候，我的心情最恶劣。”

我突然像发现了什么似的，问道：“你使用刮胡刀吗？”亨利点点头。我接着说道：“听起来，你好像想用刮胡刀杀人。”

亨利的表情很惊恐，这是我在他脸上看到的第一次情绪反应。“不是！”他特别强调道，“我不想杀人，我说了，那只不过是一个字眼罢了！”

“那很明显，你就是想自杀。可是，为什么呢？”

“因为我觉得这一切真是糟糕透了，我不能给别人带来任何帮助，相反我只是在拖累桑德拉！”他的语调很沉重，这让我感到非常不舒服。事实上，他确实不可能给别人带来欢笑。

我转而问桑德拉：“你觉得他在拖累你吗？”

她很自然地答道：“噢！我没有这么认为。但我真的希望自己能够拥有更多的时间。但是，我们的经济条件并不是很好。”

“所以，你还是觉得他是一个负担？”

“有上帝与我同在。”桑德拉回答。

“为什么你们的经济条件不宽裕？”

“八年前，亨利已经失业了！这些年来，他一直闷闷不乐。我们全部的经济收入仅仅来自我在电话公司上班的那份薪水。”

亨利突然插话，一脸哀愁，轻声地说道：“我以前也是个业务员。”

“我们结婚后的前十年，他的确想过要努力挣钱，但却只是想想而已，他从来没有真正攒足劲头好好奋斗。亲爱的，我没说错吧？”桑德拉说。

“我想并不是这样，我想结婚第一年，光是佣金，我就挣了两万多！”亨利反驳道。

“虽然如此，但1956年是个电器开关设备大范围时兴的年代。那年，任何一位推销这种东西的人，都可以挣到那笔钱。”

亨利沉默不语。

我问亨利：“那你后来为什么辞职不再工作了？”

“因为我得了忧郁症！每天早上，我的心情都坏透了！带着这样的情绪，我根本没有办法工作。”

“你因为什么而忧郁呢？”

亨利一脸茫然，就像失忆了似的。过了一会儿，他终于脱口而出：“原因一定与我心里的那些字有关。”

“你是说像‘杀’这样的字眼吗？”

他点头表示赞同。

“你说‘那些’？那就是说，你的心里还有其他的字存在？”我问。

亨利又是一语不发。

桑德拉说：“亲爱的，继续说吧！把其他的字都告诉医生。”

“偶尔也会出现类似‘切’‘锤’这样的字眼。”他欲言又止。

“还有呢？”

“有时候，可能会出现‘血腥’这个词。”

“这些都是与愤怒有关的字眼。这说明你的心里充满了愤恨，否则它们不会出现在你的脑海里。”我表示道。

“我没有恨。”亨利虽然矢口否认，但显然底气不足。

我转而问桑德拉：“你是怎么想的？你认为他对什么事愤恨不平吗？”

她带着愉悦的笑容回答：“噢！我觉得，亨利可能恨我。”看上去，她更像是在描述邻家小孩说的有趣笑话。

我吃惊地凝视着她，完全没有想到她竟如此坦然地说出了这句话。于是，我开始怀疑话的真实性。我问：“难道你不担心亨利可能会伤害到你吗？”

“不，不会的，我一点也不担心。亨利甚至连一只苍蝇都伤害不了。对吗，亲爱的？”

亨利仍然沉默不语。

“桑德拉，我现在很认真地在对你说这些话。换作我是你，如果同床共枕的老公对我心怀恨意，而且经常会想到‘杀’‘血’‘锤’等一些恐怖的字眼，我一定会感到非常害怕的。”我说。

桑德拉冷静地解释道：“医生，你不了解，他伤不了我。他就是这么一个懦夫。”

我迅速地瞄了亨利一眼，他目无表情。我愣住了，不知道该说些什么。沉寂了将近一分钟，我问亨利：“你太太说你是个懦夫，对此你有什么想法？”

他喃喃自语道：“她说得没错，我的确很懦弱。”

我说："如果她确实说得没错，那么对于你自己的懦弱，你有什么看法？"

他冷淡地说："我其实希望自己更坚强。"

"亨利连开车也不会，如果我不作陪，他甚至不能单独外出，更别说超市以及其他人多的地方。亲爱的，是这样的，对吧？"桑德拉插嘴道。

亨利默默地点头。

于是，我对亨利说："你似乎很在意你太太所说的每句话，以及她所做的每件事。"

"她说的是事实。没有她，我哪儿也去不了。"

"为什么你自己哪儿都不能去？"

"我害怕。"

我追问道："你怕什么？"

他一副卑躬屈膝的样子，回答："我也不知道。我只知道，每次单独行动时，我都会感到很害怕。但如果桑德拉在身旁陪我，我就不会怕了。"

我说："你真像是个长不大的孩子。"

桑德拉一脸得意，笑着说："对，亨利的某些行为确实跟孩子没什么两样。亲爱的，你还没完全长大，对吧？"

"桑德拉，也许你并不想要他长大吧！"我脱口而出。

桑德拉对于我的话，显然很生气，她怒斥道："我不想要他长大？有人真的考虑过我的需要吗？我想要什么，重要吗？对任何人起过作用吗？事实上，我根本没有机会表达过我需要什么。但这根本不是我要不要的问题，我从来都是在做我自己该做的，以及上帝要我做的事。亨利得了忧郁症，可谁会在乎这对我来说是不是一个负担呢？现在亨利成了寄生虫，我一个人扛下了所有的事，一个人开车，那又怎样呢？有谁关心过我吗？我不过是背负了上帝交给我的责任，尽力地在履行自己的义务罢了。”

桑德拉一连串的反驳，着实吓了我一大跳，我不知道是不是该和她继续谈下去。但好奇心还是驱使着我问：“我猜，你们之所以没有子女，完全是出于你的决定吧？”

桑德拉宣称：“是亨利不能生育。”

“你怎么知道？”我问。

桑德拉的表情很纠结，像是在暗示我缺乏生活常识。“因为妇产科医生替我做过检查，她说我绝对没有问题。”她解释道。

我问亨利：“你也做过检查吗？”

他摇摇头。

“你为什么不去？”我问。

“我干吗要去？”亨利辩驳了一句，接着又继续解释，“既然桑德拉没有毛病，那问题就一定出在我的身上咯！”

我说：“亨利，你是我所见过的最被动的人。你甚至被动到让你的太太告诉你自己的检查结果；你竟然被动地假设，如果你太太的检查结果正常，那你肯定不正常。这个世上有许多夫妻，他们双方都很正常，可是仍然不能怀孕。所以，你完全有可能没问题，但你为什么不去亲自检查看看呢？”

桑德拉替亨利回答：“这已经不重要了。我们现在的年纪已经没办法再生小孩了！而且，这个家就只靠我的经济收入来支撑，我们根本没有更多的钱来做检查。再说，”她笑了笑，说，“你能想象亨利当爸爸会是什么样子吗？他现在甚至连自己都养不活！”

“可是，难道不应该让亨利知道，他并不是没有生育能力吗？”

“桑德拉说得没错，证不证实确实已经没有任何意义了。”亨利说道。然而，事实上，对于桑德拉为他假设的不能生育的可能，亨利已经建起了防卫之心！

我突然感到非常疲惫。虽然距离我接诊下一位病人还有20分钟，但我却强烈地希望能够马上中断目前的谈话。从这个案例中，我看不到任何可以扭转的生机：亨利根本不可能治愈，他陷得太深了！这是为什么呢？我不禁怀疑，桑德拉以上帝的名义来做事，为什么会发生这样的事情呢？

于是我开始引导亨利，对他说：“和我谈一谈你的童年吧！”

亨利欲言又止，吞吞吐吐地说道：“我的童年没有什么可说的。”

“那么，你的最高学历是什么？”我问。

“亨利进过耶鲁大学，但后来又被退学了。是吗，亲爱的？”桑德拉替他说道。

亨利点点头。我觉得很不可思议，亨利曾经竟然是一流大学的高才生，而如今他却被桑德拉毫不留情地指责为寄生虫。

“你是如何考上耶鲁大学的？”

“因为我家有钱。”

“但这其中，肯定也因为你很聪明吧？”我说。

桑德拉又接嘴道：“如果不能参加工作，即使再聪明，那又有什么用呢？我一直认为，行为比头脑更重要。”

我对桑德拉说：“你有没有注意到？每次，只要我稍微强调了一下你先生可能具备的优点，你要么就是打岔，要么就是泄他的气。”

她对我尖声怒吼：“什么？我泄他的气？你们医生全都是一个样，或许你们才是泄他气的人吧！难道这全都是我的错吗？噢，好吧，全赖我！亨利不工作、不开车，他什么事都不做，这全是我的错。好吧，我实话跟你说，早在我们认识之前，他就已经是个懦夫了！亨利的妈妈是酒鬼，他的爸爸也是一样的懦弱，他自己甚至没有办法把大学念完。后来，别人攻击我，说我是为了钱才和亨利结婚的。可是，他们家哪来的钱呀？至少我一分钱都没看到。事实上，他那自甘堕落的妈妈早已经把所有的钱都拿去喝酒了！从来没有人帮助过我们脱离苦海，大大小小的事也全都是我一个人在包办！可是结果，大家居然都认为，是我让亨利抬不起头来的。有谁真的关心过我？没有，一个也没有，人们只会一味地责备我。”

我温柔地对桑德拉说：“我会关心你的。如果你愿意，我希望你能够把你的家庭以及你个人的心路历程告诉我。”

桑德拉尖酸地问：“怎么，现在反倒是我成为病人了吗？很抱歉，我不想做你的试验品。我没有问题，也不需要你的帮助。倘若我真的有什么需求的话，我也会去求助于我的牧师，他才是最了解我的境遇的人。上帝已经将一切我所需要的力量都赐予了我。而我现在，就是带亨利来寻求帮助的。如果你真愿意帮忙的话，那就请帮助真正需要帮助的亨利好了！”

“可是，桑德拉，我是很认真的。没错，亨利的确需要救助，而我们也会尽力帮助他。但我认为，你一样存在着问题，也需要得到救助。现在你正陷入困境，我能够感受到你的心烦意乱和痛苦。我想，如果你愿意找人倾诉，或是同意让我为你开一些温和的镇定剂，你的情况会好转很多。”

但是桑德拉却故作镇定地坐在那儿，对我保持着微笑，好像我是个本性善良却误入歧途的年轻人。她说：“谢谢你，医生，你真是善良。可是，我真的没有心烦意乱，这个世上很少会有事情能够让我感到困扰的。”

我反驳：“很抱歉，在我看来，正好相反。我认为，事实上，你的心情烦透了！”

桑德拉答道：“医生，也许你是对的。亨利的病可能真的给我增添了很重的负担。如果没有他，我的生活也许真的可以轻松许多。”她似乎比之前平和多了，不再咄咄逼人、尖酸刻薄。

我不禁打了个寒战。而亨利似乎无动于衷，他已经饱受摧残，压抑极了。我问桑德拉：“那你为什么不离开他呢？或许少了亨利这个负担，你的生活会更惬意。而且，这样的话，亨利就不得不选择自力更生。或许从发展的角度看，这样对他更好。”

桑德拉慈爱地回答：“我怕亨利舍不得我，因为他太需要我了，根本离不开我。对吧，亲爱的？”她转而问亨利。

而亨利显得很惊慌。

我又说：“对他来说，这当然不容易。但是我可以安排他长期住院。在医院里他可以得到妥善的帮助和照顾。”

桑德拉问亨利：“亲爱的，你喜欢那样的安排吗？你想离开我，去住医院吗？”

亨利带着哭腔地说：“拜托，不要这样安排。”

桑德拉命令似的说：“亲爱的，为什么你不希望我离开你？把原因告诉医生。”

亨利呜咽道：“我爱你。”

桑德拉听了，摆出一副胜利者的姿态，说道：“看吧，医生，他爱我！所以我不能离开他。”

“但是你爱他吗？”

“爱？还说什么爱？不对，医生，这更多的是一种责任。我是有责任照顾亨利的。”桑德拉调侃地说道。

我对她说：“我不知道这其中责任和需要的分量孰轻孰重，但在我看来，你似乎绝对需要像亨利这样的负担。这也许是你没有小孩的缘故，可能你想把亨利当作你的小孩，借此来弥补你内心的欠缺。虽然我不知道原因究竟出在哪里，但我知道，肯定是出于某些原因，你心里非常强烈地渴望能够控制亨利，就如同亨利也非常强烈地渴望依赖你一样。你们的婚姻使你和亨利彼此的需要都得到了满足。”

桑德拉听完笑了起来，她的笑怪异又虚伪。她说：“这完全是两码事，根本不能混为一谈。你不能把亨利和我相提并论。我们一个是苹果，一个是橘子，是不一样的。你知道我是苹果，还是橘子吗？你知道苹果和橘子的皮是皱的、平滑的，还是厚的？”她忍不住停下来咯咯直笑，于是接着说：“我猜，我的皮应该是厚的，否则怎么能够反击那些迫害我们的人？而你们就是这样的人，用伪科学来对我们加以迫害。不过，这没什么，因为上帝爱我，他赐给了我力量，而我也知道要如何对付剥橘子及削苹果的人。他们到头来全都会变成一无是处的垃圾！”

她耀武扬威地解释道：“到最后，橘子被剥了皮，苹果被切了片，全都被倒进了垃圾堆里。而你们这些伪科学迫害者们，最后的下场就是被扔进垃圾堆。”

看着桑德拉如此失控的言行，我既后悔又感到害怕。我不禁担忧起来，亨利悲惨的遭遇、可怜的身世，以及他屡试无果的自杀动机，已经够不幸的了！如果现在，他们大妇都住进了医院，那么往院后的生活他们该如何继续？也许桑德拉的压力实在是太大了，我最好为她留好退路，让她能够恢复镇定。

我说：“我们之间的谈话就快结束了，所以在此之前，我们必须拟订出一套具体的诊疗计划。桑德拉，我想你现在一定觉得自己很正常，完全不需要得到治疗。但不可否认的是，亨利绝对需要帮助吧？”

“是的，亨利确实很可怜，他已经失常了！我们应该尽一切可能地帮助他。”桑德拉欣然同意，好像彻底忘了前几分钟的事似的。

我默默地喘了一大口气。虽然我插手别人的婚姻生活没有什么成效，但显然也没有适得其反。我转而问亨利：“你需要继续服药吗？”

他一声不吭地点点头。

桑德拉说：“亲爱的，你如果不吃药，会越来越容易胡思乱想的。”

他又点点头。

我表示道：“确实有可能。那你想不想继续接受心理治疗？愿不愿意抽出时间，和别人认真地谈谈心事呢？”

亨利摇头，轻声地说道：“这种滋味很不好受。”

桑德拉也说：“是的。上次他自杀，医生也叫他接受心理治疗！”

于是我开了一个处方，叮嘱亨利继续服用住院时吃的药，用药的剂量不变。我还表示，希望他们三周之后再来一趟，以便决定是否应该换服其他的药。我说：“下次会诊的时间会比今天短，那这次的会诊就到此结束。”

我们同时站起身。桑德拉说：“好的。医生，你为亨利做的已经够多了，我们实在难以表达心中的谢意。”

我在诊断书上写下了短短的几行字，他们夫妇在向我的秘书预约下次会诊的时间。过了两分钟，我走出会诊室，泡了一杯咖啡喝。无意中，我听到刚走出门外的桑德拉说：“派克医生比另一家诊所的医生好得多，你觉得呢？至少他是美国人。我们甚至连另一位医生在说些什么都不知道呢！”

在这个案例中，虽然亨利嘴上说爱桑德拉，但实际上他的心中却充满了怨恨。桑德拉说的没错：亨利恨她，却又离不开她。亨利恨桑德拉，是因为在他与桑德拉的婚姻关系中，一直得不到妻子的尊重，每当他有不错的表现时，都会遭到妻子桑德拉的奚落和打击。在洋溢着爱的婚姻关系中，当一方取得成绩时，一定会得到另一方的赞扬和鼓励，同样，当一方遭遇困难时，也一定会得到另一方的关心和帮助。正是在这种爱的互动中，双方的心灵才会成长。但是，在亨利和桑德拉的婚姻关系中，亨利一直得不到对方的认可和肯定，一直生活在妻子的阴影中。这样的生活让亨利的人生无法伸展，备受压抑，内心充满了愤怒。我们说遭受压抑，人的心中就会产生愤怒。比利和鲁克被父母压制，内心有了愤怒，才会去偷窃。偷窃，是他们发泄愤怒的一种方式。那么，亨利靠什么来发泄心中的愤怒呢？就是自杀。亨利心中时常冒出来的那些字眼，正是被压抑的愤怒的一种表现形式。为什么亨利不把这种愤怒发泄到桑德拉身上呢？这恐怕要归结于他的懦弱。一方面，亨利对妻子的压制心生怨恨，一方面他又没有勇气走上自己的人生道路，他需要找一个可以依赖的对象，而桑德拉恰恰就是他寄生最理想的场所。亨利不仅把自己的生活寄生在了妻子的身上，甚至还把自己的心灵和灵魂寄生在了妻子的身上。一个失去了灵魂的人注定会抑郁，而一个抑郁的人也注定会选择自杀。

在这个世界上，没有人心甘情愿成为别人的累赘，成为别人累赘的人往往会陷入深深的自卑和抑郁。但有趣的是，在这个世界上却有很多人愿意让别人成为自己的累赘，他们不辞辛苦，想方设法让别人依赖自己，从别人的依赖中，他们能获得极大的满足。虽然这些心理和行为很像爱，但却不是爱，而是恶。从本质上来看，它是通过加强别人的依赖感来控制别人，不仅阻碍了别人心灵的成长，而且也阻碍了自己心灵的成长。亨利与桑德拉的关系就是这样。他们的婚姻没有多少爱的成分，更多的是一种依赖和被依赖、寄生和被寄生的关系。在这种关系中，依赖和寄生的一方是“被动”的。在就诊的过程中，我曾经指出，亨利是“我所见过的最被动的男人”。所谓的“被动”，指的就是懒惰、缺乏行动力——只会接受，不会行动；只是随波逐流，不会勇敢地探索。所以，“被动”这个词也可以用“依赖”、“幼稚”和“懒惰”等来替代。亨利实在是懒透了！他对桑德拉的态度就像婴儿依赖母亲，他甚至无法单独走进我的办公室，更不要说愿意靠自己的力量思考自身的问题，或是主动承担独立的风险。

我们无从得知亨利如此懒惰的原因。桑德拉曾透露，亨利的母亲是个酒鬼，亨利的父亲很懦弱，而亨利也一样。这暗示了亨利来自于父母都很懒惰的家庭，在这样的家庭环境中成长，他婴儿期的需求得不到满足。或许在他遇见桑德拉时，他已经懒到极致了！他虽然拥有成年人的外表，但心智却如幼童般尚未成熟。由于他从未得到过母亲的呵护，所以在潜意识里，他总是不断地寻求强而有力的母亲形象，而桑德拉正符合亨利的需求。与此同时，亨利这种寻求依赖和寄生的心理，也正好符合桑德拉的需求。在内心深处，桑德拉需要一个像婴儿一样的人依赖她，寄生于她，从这种寄生的关系中，她能获得一种病态的满足。她的这种满足感就像养狗的人，一推开门，狗就摇尾乞怜跑过来一样。为了这种满足感，再苦再累她也愿意。也许亨利结婚之前就是一个懒惰懦弱的人，但是，如果桑德拉是一个正常的人，她也真正地爱亨利，那么，她就会帮助亨利克服懒惰和懦弱，让亨利的自我获得拓展。但是，对桑德拉来说，她需要的只是一个像婴儿一样的男人，一个依赖和寄生于她的男人，所以，她不需要这个男人拓展自我，一旦这个男人有了成长的需求，或者想要摆脱她的控制，不再依赖于她，她就会心生恐惧，百般阻挠。由此可见，在他们的关系中，一方面是亨利离不开桑德拉，另一方面则是桑德拉离不开亨利。正因如此，当我劝他们解除这种病态的关系时，亨利便惊慌失措地说他爱桑德拉，他所说的爱，实际上是一种病态的寄生和依赖；而桑德拉则说亨利需要她，离不开她。毫无疑问，这种病态的关系注定会加深他们彼此病态的人格。桑德拉的颐指气使、咄咄逼人，使亨利更加懦弱卑微；而亨利的懦弱卑微，也增强了桑德拉的支配欲。

与许多读者一样，我也认为亨利与桑德拉的关系很诡异。我之所以会举出这个案例，完全是因为亨利与桑德拉是我多年心理学临床经验中，遇到的“最病态”的夫妇。他们的关系虽然奇特，却也并不少见。因为很多人的婚姻生活都存在着控制和依赖、束缚和被束缚的现象。读者若是心理医生，就应该能够体会得到，在每天的临床诊断中，像这样的案例有很多很多；如果你只是普通的读者，那也可以在亲友的婚姻中看到类似的现象。

总之，婚姻不应该成为一个埋葬自我的坟场，而应该成为一个提升自我、拓展自我和完善自我的圣地。同样，婚姻需要彼此坦诚相见，却不需要把自己的心灵出卖给对方。那些试图在婚姻中寻求依赖和控制的人，注定会迷失方向。

不敢面对自己，才会去控制别人

从前面的案例中，我们发现这些邪恶的人都是控制别人上瘾的人。比利和鲁克的父母控制孩子上瘾，桑德拉控制亨利上瘾。如果不让他们去控制别人，就如同不让烟鬼吸烟，不让酒鬼喝酒一样，他们会十分难受。那么，为什么他们要乐此不疲去控制别人呢？因为他们找不到真实的自己。寻找真实自己的过程，是一个痛苦的过程，需要接纳自己的不完美，承受罪恶感所带来的痛苦。凡是控制别人上瘾的人，都是不敢面对真实自己的人，他们对良心的谴责充满了恐惧，不敢面对自己的内心，不敢正视自己的“恶”，极力逃避罪恶感所带来的痛苦。也就是说，这些人内心充满了恐惧，他们在恐惧的海洋中努力挣扎，最后却把别人当成了救命的稻草，死死抓住不放，拼命控制别人。由于控制别人可以让他们暂时逃避恐惧和痛苦，所以，控制别人就如同毒品一样会让他们上瘾。但不管给控制穿上什么“爱”的外衣，它都不是爱，而是恶。

本书提到的控制上瘾之人，他们不会承认自己有病。事实上，他们的一大特征就是，永远相信自己没有病，而且心理很健康。这些人不敢面对自己，总是用谎言来自欺欺人，因为面对自己，会让他们承受巨大的痛苦，他们害怕痛苦，对内就会用谎言来欺骗自己，对外就会高举爱的旗号去控制别人。前面的桑德拉就是这样，他用爱的名义控制亨利，也是为了逃避内心的痛苦，逃避真实的自己。当我试图让她面对自己的痛苦，找回真实的自己时，她便恐惧得要命，极力逃避，死不承认。

在《少有人走的路：心智成熟的旅程》一书中我指出，越是心理健康的杰出人士，他们所承受的磨难往往越多。睿智、优秀而伟大的领袖都能忍受一般人所无法忍受的痛苦。所以，不愿承受心灵的痛苦，往往是导致心理疾病的根源。完全体会过焦虑、忧郁、疑惑和失望等情绪的人，一定比懒惰、懦弱、自恋和撒谎的人健康得多。事实上，“否认痛苦”与“承认痛苦”正是判断一个人是否有心理疾病的关键。当然，邪恶的人也会去承受痛苦，他们不仅具有强大的心理承受力，更具有顽强的意志力。比利和鲁克的父母坚持自己的看法毫不动摇，别人根本无法撼动，这不能不说是一种意志力的表现，桑德拉吃苦耐劳，维持家庭生计，我们不能说她没有承受痛苦。我相信希特勒拥有的意志力与丘吉尔相比，一定不相上下，同样，他经受的磨难也绝不少于罗斯福。一想到邪恶之人持续控制别人和“毁人不倦”的精神能量，我就感到胆寒。恶人控制别人所表现出来的执著和顽强，与善良之人爱别人所表现出来的投入，就其能量大小来说，相差无几。既然如此，那么，为什么我们还要说邪恶之人害怕承受痛苦呢？原因就在于，善良之人愿意接纳良心谴责所带来的痛苦，邪恶之人不愿意承受这种特殊的痛苦。善良之人在承受罪恶感所带来的痛苦之后，开始了寻找自我的道路，他们不畏艰辛，努力去寻找自己，拓展自己，完善自己；相反，邪恶之人为了逃避罪恶感所带来的痛苦，拼命逃避真实的自己，对于真实的自己来说，他们的顽强和执著是一种恶性自恋，维护的是病态的自我，拒绝接纳真实的自我。正是因为他们不遗余力拒绝接纳真实的自己，才会在控制别人方面，表现出如此强大的精神力量。善良的人接纳自己的不完美，以此为基础，积极去改变自己，拓展自己，在这个过程中，他们会承受各种各样的痛苦，并从痛苦中获得智慧和教益，逐渐趋向于善；邪恶的人不接纳自己的不完美，为了逃避真实的自己，他们选择恶性自恋，只要能维护病态的自我，其他的痛苦都愿意承受，比如鲁克的父母宁愿承受鲁克是天生的罪犯所带来的痛苦，桑德拉宁愿承受亨利拖累她所带来的痛苦，在这个过程中，他们走向了伪善。

邪恶之人绝对不会承认自己的不完美，相反，他们不断地编造谎言，欺骗自己很完美，永远摆出一副自高自大、无所不能的姿态。然而，所有人都知道，他们并非真的高高在上。那些邪恶的父母，虽然他们将自己的心态描述得很恰当，但我们都心知肚明，身为父母的他们，并不称职，表面上的称职也只不过是他们伪装出来的罢了。他们为自己编织完美的谎言，强迫自己伪装出健康、完美的形象，他们自以为是，恶性自恋。与此同时，对邪恶之人来说，承认自己有罪和不完美是一件非常痛苦的事，他们为了逃避良心谴责的痛苦，维护病态虚假的自我，就会条件反射性地找人顶罪，并将痛苦转嫁给别人，从而使他们周围的人因此受害。所以，控制别人上瘾之人会用自己的谎言滋生出一股邪恶的力量，为别人塑造出一个小型的病态社会，置身其中，人就容易被邪恶的力量所伤害。例如，之前我所描述的那些对控制上瘾的父母，他们的家人就深受其所害，纷纷出现了忧郁、自杀、成绩下滑和偷窃等病症。

从寻找替罪羊这一事实中，我们可以看出，邪恶之人与人格失调症十分类似。人格失调症不愿承担责任，他们把自己的责任推给别人，而邪恶之人，不愿面对自己的"罪"，总是让别人来替罪。因此，邪恶是一种恶性自恋式的人格失调症，除了具有人格失调症的一切特征外，还有如下几点：

(1) 习惯于别有用心地找人替罪，而这些行为又往往令人捉摸不透。

(2) 难以接受他人对自己的批评，如果别人干扰了他们自恋的行为，他们会心生怨恨。

(3) 很重视自己的公众形象，极力维护唯我独尊的形象。一方面找不到真实的自己，一方面又拼命去控制别人。

但值得注意的是，虽然邪恶的人都表现得很正常，既不胡言乱语，也未精神错乱，相反，他们思路清晰、沉着冷静、工作负责、努力奋斗，所作所为显然合乎社会行为准则，表面上与常人无异。不过，只要一接触他们，正常人都会本能地感觉出他们身上的伪善和邪恶，并心生厌恶，甚至避之唯恐不及。如前文提到的比利的父母，你会不厌恶吗？会，相信多数人不仅厌恶，更觉得可恨。对于鲁克的父母，你会悲悯和同情吗？不，相反值得同情和悲悯的是鲁克，他才是受害者。对于桑德拉呢？尽管她的生活很可怜，但她一味控制亨利的行为，定会让你厌恶的情绪多余同情。正所谓，可怜之人，必有可恨之处。

为什么邪恶的人会去控制别人和毁灭别人呢？

一位牧师说得好："自己没有了灵魂，才想去控制别人的灵魂。"

爱需要一个空间，否则便会感到窒息

爱，是为了成长，成长需要足够的空间；邪恶的本质是压制，它压制别人的自我，压缩别人的空间。但遗憾的是，有些人偏偏把压制当成了爱。在这种关系中，对方体会不到爱的关心与呵护，感受到的只有窒息。下面，这个案例生动地说明了这一点。

30 岁的爱丽丝以前是一位称职的老师，她在讲台上总是从容自如、滔滔不绝。但是，突然有一天，她居然莫名其妙地说不出话来了，尤其是当着她最亲密的人。大多数时候，她只能沉默不语，偶尔冒出一段话来，也含混不清，不知所云。为了治疗自己的失语症，她来到了我的诊所。

我发现每当爱丽丝想要说话时，总会上气不接下气地突发性地抽泣一段时间，然后才会蹦出几个字来。起初，我以为她的啜泣只是忧伤过度的反应。后来，我才逐渐了解到，原来呜咽是一种用来防止自己流利讲话、清楚吐字的机能。这不禁让我联想起，小孩子在被父母呵斥不准回嘴时，总会眼泪汪汪地抗议父母的不公平。爱丽丝承认，她与每一位亲友的关系都不尽如人意，只要一谈到与她有亲密关系的人时，就会发生类似的问题，但不知为什么，在面对我的时候，也会出现同样的问题，而且似乎还更严重。我猜想，她是把我当作她父亲的化身了。

爱丽丝 5 岁的时候，她的父亲便弃家而去。她只记得自己是由母亲抚养大的。她母亲是个怪女人，小爱丽丝是意大利籍，在她 11 岁那年，母亲竟然把她一头乌黑的头发染成了金色。爱丽丝根本不喜欢金色的头发，她喜欢黑发。但是她的母亲由于想拥有一个金发小姑娘，于是便强行将爱丽丝的黑发染成了金发。由此可见，爱丽丝的母亲似乎从没将爱丽丝视为具有个人权力的独立个体。爱丽丝没有隐私权，虽然她有自己的房间，但是母亲严禁她关上房门。爱丽丝不知道母亲这么做的原因，她只知道挺身反抗只能是徒然。她曾在 14 岁那年试图反抗过一次，结果母亲为此和她冷战了一个多月。在那段时间里，爱丽丝必须一手包揽煮菜烧饭、照顾弟弟等所有家务。通过这些，我们认定爱丽丝的母亲患有“侵扰症”。所谓“侵扰症”，就是放纵自己毫无节制地干扰别人的自由，侵犯别人的隐私，阻碍别人的成长。这种心理疾病常常出现在最亲密的关系中，例如父母与子女的关系，丈夫与妻子的关系等。

在爱丽丝的疗程进入第二年时，我终于能够体会到爱丽丝为何闭口不言了。爱丽丝保持缄默是为了要筑起一道让母亲无法逾越的护城河。不论母亲多么渴望侵扰爱丽丝的生活与想法，只要爱丽丝三缄其口，就可以保护她自己的隐私了。所以，每当她的母亲想要侵犯她的隐私时，爱丽丝就闭口不言。但我们发现，爱丽丝筑起的这道沉默的护城河，虽然成功地将母亲阻隔在了城外，但同时也把怨恨堆积在了城内，这座城就是她自己的内心。长久以来，爱丽丝得到的教训就是，只要违抗母亲，最终必将受到重罚，所以她早就放弃了这种愚蠢的反抗念头。为此，她学会了强行沉默，每到濒临吐露怨气的危险关头，爱丽丝总会将双唇紧闭。

在得知这些之后，我就更清楚为什么爱丽丝在面对我的时候，会更难开口了。众所周知，心理治疗的过程是一个高度侵扰隐私的过程，心理医生则必然在治疗过程中扮演权威人物。由于我扮演了爱丽丝父母的角色，又试图探索爱丽丝心灵的最深处，所以她本能地对我筑起童年时代的沉默高墙。我认为，只有在爱丽丝察觉出我与她母亲是完全不同的两个人之后，她才能够解除沉默的武装。于是，我试着去了解她，试着去改变她的想法。爱丽丝也逐渐发现，我始终在真心地尊重她灵魂与个体的独立。在我们共同的努力下，两年之后，爱丽丝终于可以自由自在地与我畅谈了。

但是此时的爱丽丝仍然无法与母亲畅所欲言。这期间，我了解到，爱丽丝的丈夫也像她的父亲一样，弃家不顾，只扔给她一个嗷嗷待哺的婴儿。爱丽丝不但在经济上需要母亲的援助，在情感上也仍然希望能与母亲融洽相处。虽然希望渺茫，但爱丽丝还是期待有朝一日母亲能有所改变，希望母亲能够承认她是独立的个体。基于此，诊疗进入第三年年初之时，她向我叙述了这样的一个梦：

> “我置身于一栋大厦内。一群身穿白袍的神秘人走了进来，开始举行一个神秘又令人胆寒的仪式。我似乎是其中的一部分，也和他们一样具备了超能力，可以自由地腾空到天花板上，并悬浮在半空。我似乎是被情势所逼而加入仪式的，由于并不心甘情愿，所以感觉很不舒服。”

我问：“你对这场梦有什么想法？”

爱丽丝回答：“在上星期的一场宴会中，我遇见一对去过海地的夫妇。他们提起了曾经探访过的巫毒教所在地，说那里是一处森林空地，石头上布满了血迹，到处可以看到鸡毛。这对夫妇的奇遇，让我感到不寒而栗，我想这可能就是我做这个梦的原因。梦中好像就有一些巫毒教仪式的味道，我似乎正在被迫屠杀献祭者。可是，又好像我也即将成为祭品。啊！这真是个可怕的梦！我不想再谈了！”

我问：“你认为这场梦另外还与哪些事有关？”

爱丽丝似乎颇为恼怒：“没有了！我做这个梦只是因为我听到那对夫妇谈起巫毒教而已！”

我坚称：“不止这一点。这不过是你从过去几周的生活经历中挑选出来的一个表面原因。你一定还可以找出一些其他原因，比如你之所以特别在乎巫毒教的仪式，必然有某种特殊的原因。”

爱丽丝声称：“巫毒教丝毫引不起我的兴趣，我甚至不愿再回想那个既残酷又丑陋的梦。”

我问：“梦中最困扰你的事是什么？”

“梦中有某种令人恐惧的事情存在。这就是我不想提起这个梦的原因。”

我表示：“也许目前你的生活中也正存在着某些令你恐惧的事呢？”

爱丽丝抗议道：“不，不会的。这不过是一个荒谬的梦罢了，我希望我们终止这个话题。”

我继续追问道：“你认为你母亲的控制令人恐惧吗？”

爱丽丝回答：“她不过有点病态，不能算邪恶。”

“这有差别吗？”

爱丽丝并未直接回答我的问题，反而说：“事实上，我确实无数次生过母亲的气。”

“噢？说说看。”

“上个月我的车报废了，我虽然可以向银行申请贷款购买新车，但是由于银行利息过高，我还贷款有些困难。于是，我打电话给妈妈，问她可不可以无偿地把钱借给我。她当时满口答应下来，表示没问题。但后来就没有了下文。几个星期以后，我只好又打电话给她。这时，她却改变了说辞，表示两星期之内还不能把钱借给我，因为那样会损失一些银行利息。于是，我开始怀疑，她嘴上不说，也许实际上，她并不想把钱借给我。上星期我哥哥打电话给我，对了，我要告诉你，每次我母亲不想亲自表达意见时，总会利用哥哥当传话筒。哥哥告诉我，妈妈的胸部长了一个肿瘤，可能需要动手术。他说，妈妈之所以不借给我钱，是因为害怕自己的钱不够支付医药费。我将信将疑。三天前，我收到了母亲寄来的一张支票，她让我签个借条。她一定以为我不会真的要她的钱呢。如果是在一年以前，我可能真的不会要，但是现在的我已经不是一年前的我了。我毫不犹豫地签下了借条。因为我真的急需这笔钱，而且又实在找不到其他办法。但我虽然拿到了钱，可是心中总有些愧疚。”

我问：“为什么要是一年前，你一定不会要这些钱？”

“因为当时我会认为母亲看病要紧。但通过这些日子在诊疗过程中回忆我母亲做的点点滴滴，我突然明白，这不过是我母亲的计谋罢了。她总是说自己有病，需要住院动手术，她就是这样，一边说要帮我，一边又扯我后腿。”

“你母亲有过多少次这样的情况了？”

“我不知道。几百次，也许上千次了。”

“这已经成为一种固定形式了？”

“是的。”

“所以你一直在和你母亲的谎言进行斗争。”

爱丽丝似乎明白了什么，望着我说：“你是不是认为这件事与那个梦有关系？”

我回答：“我想是的。虽然这种情况你已经经历无数次了，你清楚地知道她的目的就是让你感到愧疚，但是她还是能够顺利得逞，不是吗？你还是产生了愧疚感。”

“没错。我怎么知道这一次她的胸部是不是真的长了瘤？万一是真的，那我不就太过残忍了吗？”

我表示：“这也许就跟你梦中的境遇一样，你自己也不清楚，在这个过程中，你究竟是受害人，还是加害人？”

爱丽丝承认道：“你说得对。我总有罪恶感。”

在这里，我有必要补充说明一下对罪恶感的认识。前面，我一再强调有没有罪恶感，是善良和邪恶的分水岭。但读到这里，有人一定会产生疑问：“派克医生，你说有没有罪恶感是区分好人和坏人的标准，但是，为什么心理医生常常要帮助别人消除罪恶感呢？很明显，你对爱丽丝的治疗，就是在帮助她消除罪恶感。你消除了她的罪恶感之后，她会不会变成邪恶的人呢？”

要回答这个问题，就涉及到一个忠于事实的问题。在《少有人走的路：心智成熟的旅程》中，我讲过自律有四条原则，第三条是忠于事实。忠于事实，就是还原事实的真相，并对此做出正确的反应。具体到这里，就是当我们面对自己的“恶”时，就应该产生罪恶感，面对自己的“恶”而产生罪恶感，是一种正确的反应。恶人之所以恶，是因为他们对自己的“恶”不会产生罪恶感，或者逃避罪恶感。但也有不少人，他们不仅对自己的“恶’会产生罪恶感，甚至对自己所做的正确的反应，也会产生罪恶感，这种不必要的罪恶感违背了忠于事实的原则，不仅会让他们背上沉重的包袱，陷入病态的自责和内疚之中，还会妨碍他们去认清真相。显然，爱丽丝对母亲的行为所产生的情感反应是正确的，但是，她却为自己正确的情感反应而内疚，这就蒙蔽了她的双眼，使她无法认清母亲的真面目。所以，我帮助爱丽丝消除不必要的罪恶感，不会让她变得邪恶，只会让她变心明眼亮，更接近事实的真相。而只有在事实真相的基础上，她的心灵才会真正的获得成长。

为了进一步消除爱丽丝不必要的罪恶感，揭开她母亲的真面目。我继续问道：“你有没有想到，你梦中的仪式可能象征的就是你母亲？”

爱丽丝露出痛苦的表情：“我不知道。如果我真的把妈妈想成那样，我就太残忍了。”

“爱丽丝，你母亲拥有多少财富？”我问。

“我不知道。”

“我并不需要你计算得很精确，你至少知道她在芝加哥有三栋大厦，是这样吗？”

“可是都不是很大呀！”爱丽丝补充道。

我说：“虽然不是摩天大楼，但如果我没有记错的话，每栋大厦都包括十几间公寓，地段也很不错。而且，你母亲买这些房产完全没向银行贷款，对不对？”

爱丽丝点了点头。

“所以先不计算她有多少银行存款，光是这三栋大厦就值多少钱？至少有百十万美元吧？”

爱丽丝勉强答道：“差不多吧，我是一个对金钱没什么概念的人。”

“我相信。”我肯定道，“但我想，这也是你的一种逃避方式，因为你不愿看清事实真相。你认为这些公寓有没有可能价值百万美元？”

“大概差不多吧。”

“所以你母亲名下至少有 50 万到 100 万的财产，这一点你是知道的。”我像在进行数学逻辑推理，“但是你母亲的表现好像是，借给你 1000 元都会让她承受很大的负担，所以，她连借钱给自己的女儿买辆车，供女儿和外孙使用都不愿意。她可以称得上是个大富婆了，但却在一直喊穷，这不就是撒谎吗？”

爱丽丝表示同意：“对，派克医生，我就是因为这个生她的气。”

我指出：“爱丽丝，你梦中的仪式之所以和你母亲有关，就是因为两者中都有令你恐惧的东西，你母亲身上令你恐惧的东西，就是她的伪善。”

爱丽丝惊叫："我母亲并不是伪善。"

"为什么这么说？"

"因为她不……撒谎，我是说，她是我母亲，她只是有点病态，但绝对不能叫做伪善。"

我又回到原来的问题："病态与伪善有差别吗？"

爱丽丝面露不快，回答道："我不知道。"

"我也不知道。"我说，"但我认为伪善就是一种疾病，一种特殊的疾病。你一直纠结于你母亲的谎言之中。你的梦境暗示了，你与母亲之间的关系其实就是一种你与谎言之间的关系，你既想与谎言抗争，最后又不得不妥协。当然，你不可能与母亲断绝母女关系，既然这样，你最好想办法调整一下自己的行为。我想我们必须共同面对你母亲的伪善，找到你过去经历的真相，并使你在未来的岁月中健康成长。"

为了彻底识破爱丽丝的母亲的谎言，我们必须再转移回自恋这个话题。在与他人相处时，我们或多或少地都会有一种以自我为中心的意识。在这种意识的影响下，我们往往会先考虑自身的感受和利益，然后才会顾及别人的感受和利益。只有当我们特别在意某人时，才会在对方立场与我们完全不同时，也站在他的角度考虑问题。一般情况下，自恋并不足以使我们完全不在意他人，但恶性自恋则不同，他让我们完全不顾及别人的感受和需要。

每个人都会有一定的自恋倾向，这是一种对自我的适度肯定和欣赏的态度。可是撒谎成性的人却与我们不一样，他们陷入一种恶性自恋之中，丝毫没有能力去考虑他人的想法，更不会顾及他人的利益。显然，爱丽丝的母亲就不会考虑，她把爱丽丝的头发染成金黄色，爱丽丝是不是高兴。比利的父母也肯定不会考虑，将史都华自杀的枪当作圣诞礼物送给比利，比利会有什么感受。

所以，我们可以这么说，伪善的人之所以要不断说谎，是因为他们恶性自恋、以自我为中心。恶性自恋不仅会让人说谎，还会使人丧失同情心与自制力，没有办法约束自己的行为。恶性自恋的人总是放纵自己的行为，漠视他人的权力和感受，不惜以牺牲他人利益的方法来满足自身的需要。在极端的情况下，还会把最亲近的人当成替罪的羔羊。总之，恶性自恋会使人目中无人、丧失同情心，甚至会使人全然漠视他人的权力与生命。

世界上的每个人都是独一无二的个体，拥有自己的特质。每一个具有自身特质的个体都是一个与众不同的“自我”。每个灵魂都有区别于其他灵魂的界限。能清楚地界定自我界限并同时认清他人的界限，这是心理健康的标志与前提。所以，心理健康的人，在与他人交往时，懂得尊重这些人与人之间的界限，不会去侵扰别人的界限。

然而，爱丽丝的母亲显然就缺乏这种能力。她执意为爱丽丝染发的行为很明显就是无视爱丽丝的感受。爱丽丝的母亲从不认为爱丽丝是具有自己的意志与选择权的个体，不承认她具有独特性，也看不到她个人所属的界限，甚至不把爱丽丝当作“人”来看待。在爱丽丝母亲的眼里，爱丽丝没有个人界限，也就不应该有自己的隐私，所以在日常生活中，她严禁爱丽丝关闭寝室房门。我想，如果爱丽丝不为自己竖起这道沉默的高墙，并隐于其后，那么她很有可能陷入母亲以自我为中心的痛苦深渊之中。面对母亲自以为是、充满攻击意味的侵扰行为，成熟懂事后的爱丽丝为了免受伤害，只能防卫，无法反抗。我想，爱丽丝要想自保，就必须努力扩充自我界限，但她也必须为此付出失去母亲援助的代价。

“自恋式侵扰行为”导致的另一种毁灭性结果是：共生关系。心理学上的“共生”所指的并不是一种相互依存、互惠互利的相互关系，而是一种互相依赖、相互毁灭的结合形式。在这种关系中，即使某一方长期受益、处于优越，而另一方总是吃亏、处于劣势，双方仍会形影不离。

亨利与桑德拉就是典型的共生关系。亨利显然是吃亏的一方，但他懦弱无能，处于童稚状态，如果没有桑德拉替他做主，他就无法生存。对于桑德拉来说，亨利的懦弱无能恰好满足了她操纵与控制他人的需要，使她很有优越感，满足了她的恶性自恋。因此，没有亨利，桑德拉在精神上也会很痛苦。从某种意义上说，处在这种状态下的他们已经合二为一，不再是两个独立的个体了。亨利根本就没有自己的个体意志与需求，只有他微弱的自杀企图还能表现出他仅存的自我，这一点是亨利与桑德拉都承认的。亨利几乎放弃了自己绝大部分的自我界限，任凭桑德拉控制、操纵他。就这样，两人纠缠在一起，陷入了深渊。

亨利与桑德拉之间的共生关系没有侵害到别人的利益，只是彼此自残。而那些控制欲很强、自以为是的父母所建立的权威式亲子关系则严重侵害了孩子的利益。下面个案中的主角就是这种关系中的受害者，但她在经过漫长的心理治疗后，终于摆脱了亲子间的共生关系。

母亲让女儿离不开自己，这不是爱而是恶

增加别人的依赖感，让别人离不开自己，这是另一种形式的控制。虽然这种方法更隐秘、更不容易被人发现，但却不是真正的爱，而是不折不扣的恶。

黛西的母亲对黛西的控制就采取了这种方式。

黛西的个案是个奇迹，到现在为止，我都想不明白为什么当初黛西不肯放弃治疗。但也正是黛西与心理医生之间这种不懈的坚持，才产生了这样难得的奇迹。

黛西的母亲因为女儿的学习成绩不好，而带她来接受我同事的心理辅导。当时16岁的黛西天资聪颖，但是学习成绩却糟糕透顶。诊疗进行了六个月后，黛西的成绩略有进步，于是，黛西的母亲坚称女儿的问题已经顺利解决了，要求停止治疗。但黛西显然已经对这位成熟、仁慈、有耐心的心理医生产生了依恋之情，所以她希望能继续接受治疗，而母亲却拒绝为她继续支付诊

疗费。在黛西的恳求下，医生只好将本已降至最低的收费进一步减为每小时 5 元，于是，每星期能拿到 5 元零用钱且已拥有 200 元存款的黛西，便开始自行支付诊疗费。但没多久，她母亲不再给她零用钱。高中三年级的黛西只好自己想法挣钱，于是，她找到了生平第一份差事。这已经是七年前的事了。如今的黛西仍在就诊，直到现在，她的治疗才初见成效。

治疗的前三年，黛西对于任何事情都满不在乎，她认为一切事都与自己无关，她很清楚自己的问题，但却对这些问题不以为然。她一方面盼望能够有更好的成绩，另一方面却坦然自若地不完成作业。她认识到自己的这种行为属于“懒惰”，但她又说：“大多数高中生不都很懒吗？”

蜘蛛恐惧症是黛西唯一明显的病症。她讨厌蜘蛛，只要一看见蜘蛛就会惊慌失措地逃开。如果房内出现了蜘蛛，不论外形多么不起眼，也不论多么没有威胁性，除非别人把蜘蛛弄死，否则她绝不肯待在那间房里。这是一种源于自我性格特征的恐惧症。当黛西发现，她比任何人都怕蜘蛛时，她竟然将此归结为：别人的感觉迟钝，如果他们也能体会出蜘蛛的恐怖，那么恐惧的程度将绝不低于她。

黛西从不信守自己的承诺，并自认为这很正常。在前三年的疗程期间，若无心理医生的耐心劝说和黛西的“咬牙坚持”，治疗可能就无法继续下去了。那些年，黛西痛恨父亲，敬爱母亲。她的父亲在银行任职，生性害羞、沉默寡言，所以黛西认为她的父亲冷漠疏离，而母亲亲切温和。身为家中独生女的黛西把母亲当作朋友，与她互吐心事。黛西的母亲同时和好几位情人交往，在黛西整个青春期期间，她最开心的事莫过于聆听母亲诉说婚外情中迂回曲折、时忧时喜的点点滴滴了。在她眼里，这些背叛婚姻的行为仿佛是理所当然的。黛西的母亲将自己红杏出墙的原因归咎于丈夫冷漠疏离的个性。黛西早已习惯性地将父亲视为不讨人喜欢的人了，母女俩几乎像一对志同道合的战友，联起手来对付他、攻击他。

黛西的母亲同样也非常渴望倾听黛西的点点滴滴，所以黛西也会把自己的大事小情详详细细地禀告给母亲。黛西很庆幸有这么一位无比关爱自己的母亲。虽然她说不出母亲拒绝为她支付诊疗费，究竟出于什么目的，但她觉得自己不可以、也不愿意去批评母亲。每当心理医生提起这件事时，黛西必定极力逃避。

每一次，黛西总是滔滔不绝地和母亲谈起与男朋友交往的事。她的生活很乱，但她的母亲从不责备她，毕竟母亲自己也不是个好榜样。黛西本人并不愿意滥交，她真心渴望能与一个固定的男生培养深厚的感情，但总是事与愿违。她可以刚刚认识一个男生，便一头栽进爱的漩涡，对他投怀送抱，与他双宿双栖，但毫无例外的是，最多不过几个星期，两人的关系就会恶化变质。紧接着，黛西就会搬回家中，与父母同住。但聪明、貌美且散发着迷人魅力的黛西很快又会觅得新爱人，还不到一周，她又可以坠入情网，然后几星期后，两人又会分道扬镳。黛西不禁怀疑，这些感情无法继续发展是否或多或少有着自己的原因。

自我怀疑加上恋爱失败的挫折，使她痛苦不堪，为此黛西在心理治疗中表现得非常积极。很快，她的问题就暴露出来了。黛西认为，独自一人生活百般难耐。所以，每一次谈恋爱，她总会亦步亦趋、如影随形地跟着她的男友。每晚她都要与男友同床共枕，她认为这样可以保证两人不分开——至少在当晚是如此的。清晨醒来，黛西会恳求男友不要上班。这样的纠缠难免会使男友产生压迫感，从而拒绝与她继续约会。但每到此时，黛西会更紧地黏着男友，男友被逼得喘不过气来，只好胡乱编个借口结束这段关系。这时，黛西会随便找个男朋友，投入他的怀抱，即使此人各方面都不尽如人意也无所谓，因为黛西不能忍受独处，无法静静地一个人等待理想情人的到来。她认为，只要是近在眼前的男人，就是她谈情说爱的对象。所以，只要她与一个男友分手后，就会迅速地找到并依恋上另一个男友，如此反复，造成一个恶性循环，她自己的情绪也越来越糟。

发现黛西害怕独处之后，她学习成绩低落的原因，也就水落石出了。由于读书或做功课都得靠自己单独完成，黛西认为做功课必须与别人分开很“长”一段时间，但她又不愿与人分开得太久，尤其不愿离开随时想和她聊天的母亲，因此她总是无法按时完成作业。

虽然找到了问题的根源，但是黛西却对它无可奈何。她知道害怕独处限制了她的发展，但又能怎么办呢？这是她的性格呀。尽管害怕独处阻碍自我成长，但这就是她呀！她甚至无法想象改头换面后的她会是什么样子。此后，黛西除了比以前更惧怕蜘蛛外，看不出有其他的改变。为了避免不经意间碰到蜘蛛，她甚至不能与男友在林中漫步，也不能在夜晚步行于街灯朦胧的小道。

为此，她的心理医生提出了一项大胆的建议：让黛西找一间公寓独居。这样，她不但更独立，生活也更自由，既可以带情人回家，还可以随时打开收音机。但是黛西认为搬出去住会付出一笔不必要的开销，因此回绝了他的建议。在黛西的工作稳定后，医生又将诊疗费从 5 元提高到 25 元，如此一来，她每个月得支付 100 多元的诊疗费——将近薪水的四分之一。医生考虑过后，决定还是将收费降回到一小时 5 元。黛西虽然感动不已，但还是认为负担不了一个人独居的生活费。更何况，若是在她单独居住期间，在家里发现了蜘蛛，那该如何是好？不行，要她一个人搬出去住，免谈！

我的同事告诉黛西，如果她不改变旧有的模式，想要治疗独处恐惧症，无异于纸上谈兵，所以黛西若不能当机立断，选择一个人生活，就毫无治愈的希望。黛西坚持认为，搬出去住绝不是唯一的办法。医生让她举出其他的办法，她不但想不出来，反而说医生的要求太过分。于是，我的同事告诉黛西，除非她能够一个人搬出去住，否则不再见她。黛西痛斥医生过于残忍，而医生也绝不妥协。就这样，在疗程进入第四年之时，黛西终于租了一间公寓独自居住。

独居对于黛西而言，结果有三：第一，黛西愈加感到有一股无法抵挡的力量迫使她害怕孤独。在不与男友共度的夜晚，她一人独居于空荡荡的寓所，感到极度的焦虑不安。晚上 9 点，她终于忍不住了，于是，开车回家，与妈妈聊天，然后索性留宿在妈妈那里。如果周末假日闲来无事，她便整日黏着父母。黛西在外租房的前六个月，单独待在公寓的夜晚加起来竟然不到六次。她付了昂贵的房租，却因为害怕恐惧，而不在那里居住，这简直荒谬至极！黛西对自己的行为也深感懊恼，于是开始反思，自己这么怕孤独，也许真的是病态。

第二，黛西的父亲似乎有了改变。当她心不甘情不愿地宣布要搬出去住时，父亲建议她把闲置于仓库的祖传家具搬过去。在搬家的当天，父亲向朋友借了一辆卡车，帮她装卸家具、安顿新居，并送她一瓶酒作为乔迁的贺礼。此后，父亲每个月都会送给她一样家用品：新款式的电灯、壁画、床垫、水果盒、成套的厨房刀具等。这些礼物一律用单调的灰色纸张包装，丝毫不引人注意。黛西的父亲总是将礼物送到她的工作场所，悄悄放下便随即离去，但是她了解，这些礼物全是父亲精挑细选的高品位家用品。她惊奇地发现父亲竟然有如此出色的鉴赏力。黛西知道父亲的钱不多，只能勉强负担这些额外的消费。虽然他依然害羞、退缩、不易沟通，但黛西心中却对父亲的看法渐渐发生了改变。她自有记忆以来，第一次对父亲的关心感动不已，她甚至担心父亲可能不会永远这样细心地关怀她。

第三，就黛西乔迁一事，母亲的漠然、吝啬与父亲的热心、慷慨形成了鲜明的对比。她曾多次向母亲索要一些家中收藏的小玩意儿，每到这时，母亲就会马上让这些东西发挥用途。母亲从不过问她在新公寓的生活起居。事实上，黛西发现只要她一提到新公寓，母亲就显得局促不安，甚至打断话题。有一次她抗议道："你老是公寓长、公寓短地说个不停，你不觉得这样有点自私吗？"黛西这才明白，原来她的母亲不愿意她离开家，另外租房住。

在这件事上的矛盾引发了母女间一系列的冲突。起初，黛西对于母亲不喜欢她搬出去住感到很得意，因为这不正表示母亲深爱她吗，不也象征了家中的大门永远为她敞开着吗：她可以与母亲促膝长谈到深夜；可以随时进出从小到大都很熟悉的卧室，用不着必须回到孤寂的公寓，面对可能躲藏在黑暗中的蜘蛛，这一切不都很理想吗？然而，不久以后，这种美妙的感觉就慢慢褪去了。比方说，父亲不再是她与母亲攻击的对象了。每当母亲一如既往地责备父亲时，黛西就会反驳说："妈，别这样，爸爸并没有那么糟，我觉得有时候他还蛮可爱的。"黛西的反应似乎激怒了母亲，于是，母亲不是更加激烈地恶意攻击父亲，就是将矛头转向黛西，抨击她缺乏同情心，气氛顿时变得很僵。为此，黛西不得不要求母亲在两人相处时不要说父亲的坏话，以免大家不欢而散，她的母亲也勉强同意了。但是少了这么一位共同的敌人，黛西与母亲谈话的内容就少了许多。不久以后，下面的事件便爆发了。

黛西是一家小型出版公司的行政经理。星期四是公司的出货日，按照惯例，需要将大批商品运到国内其他地方，这一天黛西一定得在早上6点前赶到公司。所以，如果前一晚待在父母家，与母亲闲聊到深更半夜，她要么就没法早起，要么就会因为睡眠不足而影响工作。在心理医生的辅导下，黛西给自己定下了一条规章：在每星期三晚上——一星期中只有这一天夜晚——坚决独自待在公寓过夜，并决定一旦过了晚上 9 点，就绝不再回父母家。

前十个星期黛西无法履行她自己定下的规章。因为她总是在家里磨蹭到午夜 12 点。心理医生每星期都照例询问黛西履行规章的情况，黛西也总是坦言自己没有遵守。对此，她先是埋怨心理医生，然后又气自己缺乏决心。慢慢地，她开始认真正视自己的弱点。她曾多次在就诊中表示自己内心的矛盾：既希望能履行自己的规章，又害怕承受独处公寓的孤寂，希望能在温暖的家中逗留。这时候，心理医生要黛西考虑，能否让她的母亲帮她遵守规章。

黛西很赞同医生的提议，于是马上将自己定下的规章告诉了母亲，并要求母亲督促她在星期三晚上 8 点半以前离开，但是被母亲拒绝了。母亲表示："你和医生之间的决定是你们两人的事，与我无关。"虽然说母亲的话不无道理，但她不禁开始怀疑母亲之所以不愿她履行规章，可能另有隐情。从此，黛西开始对母亲起了猜疑之心，她开始细心观察母亲每周三晚间的行为举止。她发现在周三 8 点前后，母亲一定会提出一个特别吸引人的话题。黛西识穿了母亲的居心，所以每到此时，就会想办法岔开话题。有一次，8 点 45 分时，话题才进行到一半，黛西就起身告辞。她的母亲说："你难道不觉得你很没礼貌吗？"黛西于是提醒母亲，自己定下过规章，即使母亲没有义务帮助她遵守，至少应该尊重她的决定。母女俩因此进行了一场激辩，激辩后母亲哭了，黛西则12点多才回到自己的公寓。

自此以后，黛西发现，如果母亲在八点多提出的话题起不了效果，便会以先前的方式引起争吵。因此，黛西的规章定了14个星期后，她依然无法遵守。14周后的一个星期三夜晚8点30分，母亲又开始讲故事。黛西起身向母亲告辞，她的母亲便打算开始和她争执。黛西告诉母亲，没有时间和她争辩，便径直向大门走去。她的母亲索性抓住黛西的袖子，黛西则甩开手，夺门而去，回到公寓的时间正好是9点整。5分钟后电话铃响了，她的母亲在电话中表示，黛西走得太匆忙，自己没来得及对她说，医生诊断自己可能患了胆结石。

从这以后，黛西更怕蜘蛛了！

这时的黛西还是深爱母亲的。尽管在治疗期间，她会恳切严厉地批评自己的母亲，但她从没有真正地表示过愤怒，而且一如既往地有机会便与母亲待在一起。黛西的大脑似乎分裂为新脑与旧脑两部分：前者能够客观地评析母亲；而后者则因循过去的思维模式。

意识到这一点后，黛西的心理医生先发制人，向黛西暗示，她的母亲也许不是只在星期三的晚上对她依依不舍，说不定她的母亲根本就不愿意她独立发展自己的生活空间。心理医生再度提醒黛西：为什么她的母亲一发现他在黛西的生活中占了举足轻重的地位后，就不愿意再支付诊疗费了？会不会是黛西对心理治疗的兴趣让母亲起了嫉妒心呢？为什么她的母亲不喜欢她返回自己的公寓？该不会是母亲不喜欢黛西有独立自主的精神吧？黛西认为，心理医生的观察也许正确，但是她的母亲从未反对过她交男友或找情人，这说明她母亲并不一定想控制她。她的心理医生不置可否，但同时指出，这也可能意味着母亲希望黛西成为自己的翻版，或许她打算借黛西乱搞男女关系的行为，使自己的行为合理化，而且两人愈是相似，就愈难舍难分。就这样，周复一周，黛西总是在同样的问题上反复纠缠，不断挣扎，丝毫不见任何曙光。

就在黛西的疗程进入第六年时，情况巧妙地发生了重大的改变。黛西开始写诗了。一开始，她将诗作交给母亲过目，但这些黛西引以为傲的作品并未引起母亲的兴趣。由于诗歌，黛西与母亲的关系发生了变化，因为这些诗象征着黛西截然不同、独一无二的另一面。黛西把自己创作的诗歌记录在一个格式雅致的皮质笔记本里。黛西不是常有写诗的冲动，但只要灵感一来，便文如泉涌，往往一发不可收拾。致力于诗歌创作的黛西，有生以来第一次发现自己竟然能够享受孤独。事实上，只有独处时，她才能创作，如果待在父母家，母亲会不断地干扰，令她根本无法集中精神进行创作。因此，每当灵感涌动之时，黛西就会起身告辞。而此时，她的母亲则会大喊：“现在又不是星期三晚上！”于是，黛西还要颇费一番周折，想法摆脱她的母亲。在这样的插曲发生后，黛西向医生表示，她母亲对她存在依恋。当黛西说到母亲不肯让她起身回家写诗时，竟然脱口而出：“她简直就像一只蜘蛛！”

她的心理医生大声说道：“我等你这句话很久了！”

“什么？”

“我一直等你说出，你的母亲像只蜘蛛。”

“说了又怎么样？”

“你讨厌蜘蛛呀。”

黛西说：“但是我并不讨厌我妈妈，而且我也不怕她呀。”

“也许你是又恨又怕吧。”

“可是我不愿意恨她。”

“所以你恨蜘蛛、怕蜘蛛。”

此后的一次诊疗，黛西没有如约前来。她再次到来时，心理医生暗示黛西，她之所以缺席是因为不高兴他把母亲与她惧怕蜘蛛相提并论。接下来，黛西又缺席两次。当她好不容易再次回来应诊的时候，医生发现，她已经释怀，可以坦然面对了。黛西说：“好吧！我承认我得了蜘蛛恐惧症，但蜘蛛恐惧症究竟是怎么一回事？我为什么会这样？”

医生解释，恐惧症其实是一种转移作用，是人们把自己对某件事物的恐惧和反感，转移到其他事物上的表现。人类因为不愿意承认原始的恐惧感和反感，就产生了这种防卫性的转移机制。就黛西的个案而言，她恐惧蜘蛛的最根本原因就是不愿承认母亲对自己的控制。这是很正常的，因为黛西和其他子女一样，相信母亲是仁慈、善良、可以信赖，并深爱自己的。然而，潜意识里，黛西对母亲的控制具有一种恐惧与反感，她把这种恐惧与反感导引到蜘蛛身上，从而达到了情感的转移。如此一来，令她恐惧与反感的就是蜘蛛，而不是她母亲了！

黛西反驳，母亲并没控制她，因为母亲并没有激烈地反对她独立。母亲之所以不愿意她离开家，只不过是因为母亲太寂寞了。黛西说自己了解孤独的滋味有多难受。毕竟只要是凡人都难耐寂寞。人是群居动物，所以需要彼此依赖。她的母亲只是因为孤独寂寞而依恋她，这是人之常情。

心理医生回答："虽然每个人都有感到孤独寂寞的时刻，但并不是所有人都无法忍受孤独。"医生继续指出，协助孩子独立自主是父母的责任，为人父母者要想尽到自己的职责就必须忍受孤独寂寞，包容孩子、鼓励孩子，让他们将来能够脱离父母而自立。相反，如果想方设法妨碍孩子自立，不仅是未尽到父母责任的表现，更是以牺牲孩子的成长来满足父母不成熟、以自我为中心的欲望的自私行为。这样做有百害而无一利。由此可见，黛西的恐惧有其深刻的原因。

黛西知道真相后，觉得自己的见识变广、眼界变宽了。她开始留意母亲企图掌控她的灵魂的一切言行举止。某日夜晚，黛西在她的皮质手册上写道：

我既内疚又彷徨，
想到母亲的爱又令我暖洋洋。
是她为我浆洗衣裳，
我本该为她拂去鬓上霜。
但她又像叶子缠着衣裳那样，
让我黯然神伤。

……

我该如何逃离她的权杖，

我又该走向何方。

虽然认识到了这一切，但黛西的生活并无太多的改变。现年23岁的黛西，多半时间仍待在父母家中，还是时常与母亲黏在一起。她宁可不按时支付诊疗费，也要将薪水的大部分用来与母亲在当地最昂贵的餐馆进餐。黛西结交男朋友的模式也仍旧没有改变——陷入情网、依恋、对方无法喘息、分手、疯狂猎艳、再度坠入爱河。男友如走马灯般变换，形式却依旧一成不变地重演。她还是和往常一样怕蜘蛛！

“没什么改变。”某次应诊时，黛西抱怨道。

“我也是这么想。”她的心理医生答复。

“为什么会这样？”黛西追问，“我已经接受了你七年的治疗了！我到底还能做些什么？”

“好好想一想为什么你还怕蜘蛛？”

“我意识到了我的母亲其实就是一只蜘蛛。”黛西回答。

“那么你为什么还要自投罗网？”

“你知道，我和她一样寂寞。”

心理医生注视着黛西，希望她能承受得了他接下来所要说的话：“所以，其实你也是一只蜘蛛。”

听到此话后，黛西开始呜咽啜泣，一直到会诊结束。没想到，下一次会诊，她准时出现在了医生面前，甚至迫不及待地接受进一步的痛苦治疗。她表示，正如医生所说，她自己偶尔也会觉得自己像一只蜘蛛，因为在男友打算与她分手时，她会像母亲系牢她一样，紧守在男友身旁。她恨这些离她而去的男人，可是却从没想过他们在离去之前心中的感受，也从不关心他们的想法。黛西自以为自己爱这些男人，其实她一直在欺骗自己，她只在乎自己的欲求，她同母亲一样，只是想控制这些男友。她不仅把对母亲的反感转移到蜘蛛上，其实，他也把对自己的反感转移到了蜘蛛上。

蜘蛛恐惧症、母亲的依恋、黛西的频换男友，看似不相关的现象之间，其实有着紧密的联系，它们之间互为因果。黛西与母亲同属一类人，她们之间有许多的共同点。如果黛西不能够克服掉自己的弱点，又怎么能真正地与母亲抗争呢？既然自己也同样不愿意忍受寂寞，又怎么能一味地责怪母亲黏住自己不放呢？如果不能真正的独立，又怎能戒除掉滥交男友、纠缠不休的恶习呢？她应该了解，自己需要拥有独立自主的空间。黛西与母亲如出一辙，因此问题的核心其实不在于如何使黛西挣脱母亲的蜘蛛网，而在于该如何使黛西摆脱她自己的心魔。

现在，黛西正努力地克服着自己的心魔，如果有一天她真的能脱离母女“共生”关系，不再依赖母亲了，那么，她可能也就不会再滥交男友和惧怕蜘蛛了。前不久，她在皮质的簿册上写道：

> 你的病不觉地侵袭着我的身子，
>
> 嗟叹连连却怎么也断不了病根。

冥思苦想总觉得是你改变了我，
把我塑造成你一模一样的恶人！
我不甘愿这样一直地邪恶下去，
无奈体内却流淌着母亲的血液。
我决定不管怎样也要排出恶血，
和自己的母亲切断一切的联系。
可是我又怕母女楚河汉界隔开，
每想到这里禁不住落泪和心伤。

看样子，黛西似乎正在逐渐挣脱束缚她的枷锁。

缺乏爱的家庭是产生邪恶的温床。

第5章

People
Of The Lie

从小缺乏爱，长大就容易变坏

邪恶是怎么产生的呢?

杰出的瑞士心理医生爱丽丝·米勒说:

> 要想彻底消灭邪恶，就必须从每一个婴儿一出生时开始，因为只有一开始就体验过爱和尊重的生命，才知道如何去尊重其他生命，也才不会用伤害别人的方法来满足自己。

这段话告诉我们，缺乏爱的家庭是产生邪恶的温床。邪恶是为了维护病态的自我，不遗余力去控制别人、压制别人，甚至不惜扼杀别人的生命。维护病态的自我，也就是恶性自恋。那么，人为什么会形成恶性自恋呢?一般来说，正常的自恋是一种防卫现象，它是保持自我不受侵扰的本能，所以，几乎每个人都有一定的自恋倾向。不过，正常的自恋，并不是死死地抱着固有的自我不放，而是能够不断突破自我的界限，获得心灵的成长和心智的成熟。但恶性自恋则与之不同，恶性自恋不愿意放弃固有的自我，顽固坚守陈旧的过去，宁愿牺牲别人，也不愿意改变自己。那么，这种心理特征是怎么形成的呢?其实多半来自婴幼儿时期的恐惧。

当婴儿剪断脐带，从母亲的子宫来到这个陌生的世界时，心中充满了恐惧。这时，正常的父母凭借本能就会知道婴儿的需要，他们会给予婴儿无微不至的关怀，还会不停地抚摸他（她），给他（她）哼唱儿歌，消除他（她）内心的恐惧。但是，如果父母不称职，他们漠视婴儿的情感需求，甚至虐待婴儿，婴儿就会恐惧不安，缺乏安全感。这些婴儿即使长大成人，其心中的恐惧也不会消失，他们（她们）终其一生都会去寻求父母的呵护和抚摸。换言之，这些人成年之后，其心理特征还停留在婴幼儿阶段，内心缺乏安全感，会不择手段去控制别人。在他们（她们）看来，只有牢牢控制住别人，自己才会感到安全。为了这种已经过时的自我，他们不管不顾，不会去考虑别人的感受，也不在乎是否会伤害别人，甚至还会达到无恶不作的地步。

在这一章中，我将详细讲述雪莉的案例。通过这个案例，我们会明白一个道理：从小缺乏爱，长大就容易变坏。

恶性自恋的人，常常藏得很深

雪莉 35 岁那年，第一次来到我的诊室，向我寻求心理帮助。她向我倾诉了与男友分手的痛苦。根据我当时的判断，她并没有太严重的忧郁症。在我看来，她也并没有什么与众不同之处。

雪莉小巧玲珑，女人味十足，但论长相，充其量算是个中等美女。机智幽默的她在生活中却事事皆不如意。她总想不通为什么自己上个“野鸡大学”都不能正常毕业。所以，她只好放弃学业，自谋生路。起初，她在教会担任义工，由于她优异的表现，一年之后受聘为教会教师。但她只干了六个月，就被教会牧师辞退了。她说自己之所以会被解雇，主要是因为牧师出尔反尔。姑且不论是不是牧师的问题，我所知道的实际情况是，雪莉被辞退是常有的事情，很难说每一个雇佣者都和那个牧师那样出尔反尔。雪莉第一次见我的时候，正在做接线生，这是她刚找到的一份工作，此前，她已经换过七份工作了。诊疗过程中，雪莉还向我叙述了她的前一段恋情。但通过她的叙述，我发现，虽然她说已经与男友分手了，但他俩仍处在藕断丝连、纠缠不清的状态！雪莉承认，在生活中，她根本没有推心置腹的朋友。

像雪莉这样因为不断受挫而来寻求帮助的患者很常见。雪莉的症状只不过比一般缺乏成就感的患者更明显一些罢了，绝非罕见。当时我怎么也想不到，她竟然会是最令我头疼的一个病人。

在对雪莉的背景进行了进一步的了解后，我发现她对自己的父母很有看法。雪莉的父母除了能在金钱上给予她尽量的满足外，在其他方面，似乎没让她感觉到更多的温暖。雪莉的父母只在意那些继承来的财产，对雪莉和她的妹妹爱迪则漠不关心。雪莉的母亲是狂热的天主教徒，成天口口声声念叨着主耶稣基督，却毫不仁慈，整日对丈夫怀恨在心，从不为此愧疚与忏悔。她的母亲每星期都会不止一次地对她的孩子抱怨：“要不是为了你们，我老早就离开他了！”雪莉用嘲讽的口吻对我说：“十多年前，爱迪和我就已经不住在家里了，但她至今依然没离开。”

爱迪现在是个同性恋者，雪莉则声称自己是双性恋者。这引起了我的警觉，一般来说，如果女儿从小对父亲产生了绝望的情感，她们就不会信任男性，进而会改变自己的性取向。在银行工作的爱迪虽然算得上事业有成，但她总是郁郁寡欢。而雪莉则稍不顺心，便把怒气指向父母："就是他们俩把我害成这样的！我爸只关心他的股票，而我妈成天就知道唠叨，要不就是念诵她的祷告手册。"在雪莉的描述中，她的父母是缺少爱心甚至不负责任的人。

我和雪莉之间的交流进行了一段时间之后，我开始感到困惑，因为我发现雪莉的表现与其他患者都不一样。

在一般情况下，与病人交谈五六个小时后，心理医生至少会发现一点问题的症结，并可以初步归纳出一个临时性的诊断结果。但我与雪莉交流了48个小时后，却找不出她的问题的根源。我猜她可能是缺乏成就感吧？可为什么会这样呢？

我又向雪莉问了一些我设定好的问题，在得到她的回答后，我产生了一种挫败感。我在心里罗列出的这些问题，是为了证实我的诊断结果的，但雪莉的回答没能让我得出任何结论。例如，我怀疑她得了"强迫性神经官能症"，所以，针对一些强迫性神经官能症的症状向她提问，比如，问她是否具有某种固定模式的反复性行为？雪莉完全明白我的意思，她仔细地向我描述了自己青春期初期的一些惯性小动作。她指出，刚上初中时，她必须整理布置好房间，才能够安心上床睡觉。在十三四岁时，每天清晨起床，在刷牙之前，她总会在床上弹跳，并达到9英寸的高度。她说："但是当我到了15岁时，就开始觉得这些行为没有任何意义，不过是浪费时间而已，所以，就不再做这些傻事了。从那以后，就再也没有过类似的行为了！”

听了这些之后，我感到更困惑了。在后面36次的治疗中，这种困惑感始终伴随着我，直到我对雪莉的个性有了一点了解后，我的困惑才稍稍减少。

我记得，在治疗进行到第九个月时，有一天，雪莉交给我一张用来支付上个月诊疗费的支票。我注意到支票的开户行与前几次不同了，便随口问道："你换开户行了？"

雪莉点头答道："是的。我不得不换了。"

我疑惑地问道："不得不换？"

"是啊，我的支票用完了。"

"你的支票用完了？"我更不解了。

雪莉似乎微微嗔怪道："难道你没发现我给你开的每一张支票上的图案都不一样吗？"

我回答："噢，没察觉。但这跟你换开户行有关系吗？"

"你真够迟钝的呀，"雪莉解释道，"上一家银行的图案都被我用光了，所以我就得另换一家银行开户啦，这样才有新图案呀。"

我愈发摸不着头脑了："你为什么每次都必须给我不同图案的支票呢？"

"因为这能表现我对你的爱。"

"表现你对我的爱？"我一头雾水。

"是的，我不愿意重复地付给同一个人相同图案的支票。我的上一家开户行的支票只有八种不同的图案，而这次我应该付给你第九张支票了，所以，我是因为你才不得不换开户行的。当然，除了你以外，为了电子公司，我也得换银行。”

我哑口无言，不知该说什么好。按道理，我这时应该立即顺着她的话题与她讨论关于“爱”的问题。但由于我对她这种毫无必要却严格坚持的行为感到怪异不已，所以禁不住委婉地表达了我的意见：“听起来这是你的一个固定行为模式。”

“我承认这是一种固定的行为模式。”

“可是，我还以为自从你过了青春期后，就已经没有固定的行为模式了呢。”

“不，我现在仍然保持着很多固定的行为模式。”雪莉显得很得意。

在接下来的几次会诊中，她陆续地把她的许多习惯性行为都告诉了我。看来，她确实至今仍在重复着许多固定的行为模式。她所做的每件事几乎有固定的行为模式，而这正是强迫性人格的典型特征。由此可见，雪莉患有的是强迫性人格异常。我问道：“既然你有这么多固定模式的行为，为什么四个月前我问你时，你却说没有呢？”

“因为当时我还不够信任你，所以不想告诉你。”

“所以你就撒了谎？”

“是的。”

“你是花钱让我来帮助你的，你一小时要付给我 50 元。但你却不说实话，那我怎么帮你呀？”我反问道。

雪莉戒备地看着我：“我之所以会对你有所隐瞒，是因为我还无法确定，你是否做好了接受实情的准备。”

我本以为，既然雪莉已经向我坦白了她的惯性行为，在接下来的会诊中，她会对我更加言无不尽。但事与愿违。在未来的治疗期间，她顶多会在犹豫不决中，偶尔将个人的二三事对我透露一下，我越来越觉得，她是一个“活在谎言中的人”。总体而言，雪莉仍像个谜，而我的疑惑也仍然未消，这可能正是她所想要的。她坚持保持这种不坦诚相对、蓄意隐瞒的应对方式，大概就是为了控制局面。我对她了解得越深，就对她那令人费解的本质，越感生畏。

雪莉所说的爱，更多的是一种控制和操纵

雪莉在对我坦白她的固定行为模式后不久，便开始向我表达强烈的爱意。

起初，我对她的表现倒不是感到太吃惊，因为这种现象，在患者身上经常发生。雪莉作为患者，每次都如约前来，并按时付费，她肯定是真心希望自己的心灵获得成长；我作为心理医生关怀雪莉，认真地倾听她所说的每一句话，关注发生在她身上的每一件事，为她投入心血，迫切地希望她的心灵早日获得成长。在这种情况下，心理医生又是异性，患者对医生表现出好感甚至是

爱意，是很正常的事，也是人之常情。尤其是对于那些在童年时期，未能圆满顺利克服“恋亲冲突”的患者，面对这种情况，往往会表现得更为突出。

恋亲冲突，是指所有健康的儿童在某一特定时期，都会在潜意识中对异性父母产生一种性欲念，一般在儿童四五岁时，他们这种性欲念会达到高潮。而实际上，由于自己的弱小，也由于伦理的束缚，儿童不可能真正与自己的父母发生性关系。因此在儿童的心里会产生强烈的冲突。这种冲突使他们陷入痛苦和恐惧中。正常情况下，父母会以爱的方式引导孩子认识到自己的弱小，认识到自己内心的痛苦和恐惧其实是心灵成长过程中所必须接受的历练。只有勇敢地面对这种痛苦和恐惧，才能真正获得心灵的成长，也才能真正长大。在爱的力量推动下，他们渐渐战胜了心底的痛苦和恐惧，并且坦然地接受自己弱小的事实，并在这个过程中一点点长大。这样，当他们成年之后，就能坦然地面对自己的爱恋，开始正常的两性生活。而那些在童年时期没能顺利解决恋亲冲突的患者，必须有机会重演恋亲冲突解决的过程，才能继续成长。在心理治疗领域就专门有一种治疗方法是重演恋亲冲突解决的过程：患者必须先将自己视为心理医生的孩子，然后像儿童一样，学着放弃将心理医生视为性爱对象，从而慢慢解决恋亲冲突。整个过程若进展顺利，患者可以在此过程中得到情绪疏解，享受心理医生提供的父母般的关怀，并顺畅地将医生的正确价值观变为自己的行为规则。

然而，这种治疗方式在雪莉身上却行不通。

我隐约察觉到，我对雪莉的辅导之所以进展不顺，是因为我已经开始对她产生了反感。反感是我的一种自我防卫，目的是避免被伪善和邪恶的人所伤害。对我而言，这是从未有过的经验。从前，当一位有魅力的女性对我表达爱慕时，我想的往往是如何予以回馈。我不否认自己也会对她产生性方面的欲望及幻想，但这绝对不会影响我的判断，也不会使我忘记自己作为心理医生的职责。正确地对待那些对我付出爱的病人，对我而言，从来都不是一件难事。

但与雪莉的相处，使我产生了不同以往的感受。我不但对她毫无性欲望，而且相反，只要一想起和她发生性关系，我就想作呕。甚至连碰她一下的想法出现在脑海中时，我都会产生反感，感到恶心。情况愈来愈糟，我想要与她保持距离的念头与日俱增。

后来发生的一件事，使我意识到，也许我的这种反感，并不来自于性欲反应，因为反感雪莉的不止我一人。有一位极具洞察力的女病人，在一次会诊刚开始时就问我："在我之前见你的那个女士也是你的患者吗？"

她指的是雪莉，我点了点头。

"这个人让我毛骨悚然。虽然我没和她说过一句话，每次她只不过是进入候诊室、拿起她的外套就离开了，但不知为什么，她让我浑身发毛，感到害怕，只想躲着她。"

我暗示道："也许是因为她不够友善吧！"

"不是的……其实我也不愿意贸然和其他病人攀谈，但说不好，她好像有一股邪恶之气。”

我吓了一大跳，问道：“她外表看起来并不怪异，对吧？”

“不怪，她与一般的正常人没两样！穿着讲究，甚至看起来像是一位专业人士。但是不知为什么，她总是让我害怕。我也说不出个所以然来。如果问我邪恶的人是什么样，我第一个就会想到她！”

起初，我之所以认为我的反感来自于性欲反应，是因为雪莉在会诊期间格外大胆、开放地表露了她的性需求。通常对我有意思的女病人一开始总会羞羞答答，甚至躲躲藏藏，雪莉却截然不同。雪莉经常对我隐瞒事实，其实，她的企图昭然若揭——不过是想借此引起我注意！

“你真冷漠，”她一开始便用兴师问罪的语气责怪道，“我不明白你为什么不抱我！”

“如果你需要安慰，那么也许我可以抱抱你，”我回答，“但是我感觉你的这种要求带有性企图。”

“你也太较真、太死板了吧！”雪莉大声叫道，“我到底是想得到性方面的安慰，还是其他方面的安慰，有那么重要吗？不管是哪一方面的安慰，我都需要。”

我不厌其烦地向她解释：“如果你想得到性安慰，可以找其他人，大可不必专盯上我。你向我付费是想从我这里得到更专业的关心和帮助。”

“我感觉不出你的关心。你又别扭又冷淡，一点也不热情。你这么冷冰冰的，怎么能帮我呢？”

我也开始对自己产生怀疑。雪莉让我很不自信：我到底适不适合担任她的心理医生呢?

雪莉经常鬼鬼祟祟，她对我的爱欲，甚至带有侵扰的意味。夏季时，她总会提早来到诊所，坐在花园里候诊。当然，如果事先经过我的同意，我自然不会有什么意见，因为我和妻子也都很喜欢亲近自然，亲近花花草草。可是她经常不经过我同意，就擅自前来。有好几个夜晚，我都透过窗子发现，雪莉在与我没有约定的情况下，将车子停在我家门前，她坐在漆黑一片的车内聆听轻音乐。真让人不寒而栗！每次我问她时，她总是轻描淡写地说："你很清楚我爱你，想要接近自己所爱的人是天经地义、理所当然的事！"

这种"不期而至"还不止发生在诊所花园和我家门前。某日，我走进办公室，赫然发现雪莉正坐在那里看我的书。我问她怎么待在这里？她回答："这是候诊室，不是吗？"

我说："当你与医生有约时，这里是候诊室，在我不出诊时，这儿属于我的私人处所。"

雪莉泰然自若地说："对我而言，这里就是候诊室，既然你把家当作办公室，就要做好丧失一些个人隐私的心理准备。"

在我确定她来找我并无适当的理由后，我不得不对她下逐客令。这是我一生中唯一一次，被别人猛献殷勤，却感觉自己像个处于强暴阴影之下、充满恐惧的弱女子。事实上还有比这更过分的，雪莉曾有两次在会诊后紧紧地抓住我，若非我及时将她推开，她还想要抱住我！

经过一番判断，我又有了新的看法。我认为雪莉最根本的问题还不在于恋亲冲突未得到正常解决。因为解决恋亲冲突宛如建造大厦的底层，而在底层之下还有地基。如果地基不牢固，底层自然也会随之出现问题。所以，我们应该先找到儿童无法解除恋亲冲突的原因。这个原因应追溯到儿童四岁以前，即所谓的前恋母期（口欲期）。那时他们若得不到双亲足够的爱及关心，就无法顺利地解除恋亲冲突。雪莉的母亲没有对自己的孩子付出足够的爱。雪莉从小到大都没有过父母将她抱入怀抱的记忆，由此可以断定，她的早期情绪的发展就是不健全的。这一点从许多迹象中都能看出来，比如，她经常梦见乳房；在饮食方面，她总是喜欢吃一些奇特的食物；与他人共餐时，她往往会选择与众不同的食物。从精神分析的观点来看，雪莉的问题不是出在恋亲阶段，而是出在前恋亲阶段，她的症状很可能是“前恋母期口欲滞留症”(pre-oedipaloralfixation)，也就是说，虽然她现在已经是一个成人，但是心理特征还停留在婴儿期。

雪莉渴望抚摸我和被我抚摸，这其实是一种渴望母爱的表现，因为她在脱离母亲的脐带后，一直没有享受到温馨的搂抱。但我对于她期待被抚摸的欲望倍加反感，甚至觉得这对我来说是个威胁。面对她的殷殷期盼，我应该怎么做呢？应该为了治疗，克服我的反感，在这件事上满足她吗？应该让雪莉坐在我的膝上，搂着她、爱抚她、亲吻她、抚摸她，一直到她心中不再有此欲望为止吗？

应该？还是不应该？我经过仔细斟酌，最后想通了一些事。

我悟出，即使我愿意将雪莉当作生病、饥渴待哺的婴儿来照顾，她也不愿意接受这种爱。她不愿意被我视为儿童，更不用说婴儿了！换言之，她从来就不愿面对自己的问题，从不认为自己是个饥渴的儿童，而是一直把自己当作思春的成年人。我不断尝试各种不同的方法，包括让她躺在沙发上，引导她像小孩子一样，以较为被动、充满信任的姿势对着我，但是我的努力全部白费。整整四年的疗程，雪莉始终坚持以“主控全局”的姿态面对我。我希望雪莉能像一名稚龄儿童一样，享受我父母般的照顾，而不是性欲上的满足，但是她不愿意，因为那意味着她得将控制权交给我，而她必须分分秒秒紧握住控制权。

在心理治疗的过程中，我们会要求病人在适当的时候退化到某种程度。这是一个高难度的任务，因为对病人来说，这样的要求令他们害怕。想要让一个自认为独立自主、心理成熟的成年人回到童年，行为举止呈现出依赖、敏感、脆弱的状态，绝非易事。一个人童年时期的饥渴、痛苦及受创感越深，在治疗过程中，就越难回到童年阶段。然而，回到童年阶段却是解决这种心理疾病的唯一办法。苦海无边，回头是岸。只有回到童年，才有可能痊愈，否则，病人便如同没能重新打好地基的危楼。道理就这么简单——不退化就无法成长。

雪莉之所以接受了很长时间的辅导，却丝毫未见好转，我所能找出的唯一原因就是这个——她无法退化到童年时期。通常成功退化的病人，与治疗之前相比，行为举止会表现出 180 度的大转变。处在退化状态时，他们会显露出前所未有的宁静、平和，散发出一种令人毫无戒备心理的纯真气质。但并不是在退化治疗的过程中，始终只会呈现出这一种状态，这种气质是可以收放自如的。这时，病人与心理医生之间的互动不仅流畅顺利，而且充满了欢快与愉悦，这就是一种臻于完美的充满爱的母女关系。倘若雪莉能退化到这种状态，如果她有需要，那么毫无疑问，我同意并且很愿意让她坐在我的膝上，满足她的一切需要。但我在她身上丝毫找不到这种境界的影子。虽然她的内心状态与婴儿没什么两样，但是她一点也不纯真无邪，也不能让人真正放下戒备。在接受治疗的三年中，她始终固执地坚持病态的自我，虽然前后也有变化，但最后的表现像个思春的成年人。三年后的某一天，雪莉突然对我说："我还是想不通。"

我问："想不通什么？"

"为什么孩子不能与父母发生性关系？"

我再次不厌其烦地对她解释，父母的职责是协助孩子独立，但乱伦关系会阻碍孩子脱离父母、健康成长、获得独立。

雪莉说："但你并不是我父亲呀，所以我和你发生性关系不算乱伦。"

我回答："我虽然不是你父亲，但我扮演了你父亲的角色，作为心理医生，我的责任是帮助你成长，而不是满足你的性要求，这种要求你可以从其他同辈人身上获得满足。"

"我和你不就是同辈吗？"她高声反问道。

"雪莉，你是我的病人，你身上有许多毛病，如果不改掉，你会面临大麻烦。你需要帮助，我就是在帮助你摆脱这些困境，而不是跟你上床。”

“我是你的病人，可我们也是同辈呀。”

“雪莉，从心理上看，你不是我的同辈。就连最简单的工作，你都干不了几个月，到现在你都不知道自己的路在何方。你的心理简直与婴儿无异。这可能与你父母的不称职有关。总之，你现在的各种表现都说明了你还处在婴儿阶段。不要再声称你是我的同辈了！我希望你能尽量放松心情，尽情享受我对你付出的父母般的关爱。我真诚地希望用这种方式来爱你，不要再想着与我发生性关系了。雪莉，放弃你原来的想法吧。”

“不，我不会放弃的，我就是打算拥有你。”

雪莉明白无误地表达了她想要拥有我的想法，但是我始终认为雪莉的爱并不真诚，这只是一种虚伪的表现。她所渴望的性欲只是为了填补她幼儿时期缺失的哺育经历，也就是说，她是假借性欲来满足她得到婴儿般呵护的愿望。其实，雪莉的这种现象也很常见，只不过她费尽心机地掩饰，把这种转移现象隐藏得更深、更不易识破了。我无数次苦口婆心地对她说：“其实你内心深处渴望的是一种母亲般的爱，这才是你所需要的，我也愿意给你这种爱。我认为，你应该得到这种母亲般的照顾。过去，你一直不明白真相，现在你明白了，应该尽早地把曾经缺失的母爱补回来，快把‘性’忘了吧。这方面的事，你还没准备好，你还太年轻。放轻松躺好，尽情沉浸在我的温情中，让我呵护、照顾你吧。”

但是雪莉根本不理会我的建议，她把这视为欺骗。我猜想是不是因为在童年时，她得到的母爱中就夹杂着欺骗。如果她的抗拒只是由于恐惧，那么我可以帮她克服。但我觉得，她之所以不接受我的建议，完全是她的控制欲在作祟。她不只是害怕让我扮演她母亲的角色后，会被我驾驭，更不愿意在治疗的过程中失去和放弃她身上病态的东西。这无疑是在强求我："来救我，但是不要改变我。"她不仅希望得到他人的呵护，还希望控制呵护他的人。

雪莉在严厉指责我缺乏拥抱她的热情和欲望时，反复表示："我只是要你肯定我一下，如果心理医生连这一步都做不到，怎么能治好病人呢？"她的话说到了重点。母亲对婴儿所付出的爱，就是以肯定为基础的。一位正常的母亲对自己的孩子所付出的爱是无条件的，她爱这个婴儿，只是因为这是她的孩子，而婴儿也不需要做出任何努力，便能够赢得母爱，所以母爱是一种出于天性的爱。这份爱本身就是充满肯定的声明："孩子，你是我的无价之宝，你的存在就是最大的价值。"

婴儿二三岁时，母亲开始把自己的期望寄托在他的身上。从这阶段起，母爱的爱便不再是毫无条件的了。这时候，有的母亲会说："你要是再撕书本，我就不喜欢你了！""你要是再将台灯扯到地下，我就不爱你了！""乖，到厕所去尿尿，不然妈妈又要给你洗衣裤了！"孩子在学会说"好"与"坏"的同时，也了解到只有当个好孩子，才会继续受到父母百分之百的肯定。无条件的肯定仅限于婴儿期。于是，孩子开始学着去赢得别人的肯定。一般人成长到成年时，就都已经知道这样一个道理了——要想赢得别人的爱，就必须先让自己变得可爱。

然而，雪莉有一个重要的特征，就是她强求别人爱她。她不是通过改变自己的行为来赢得我的肯定，而是强求我肯定她现有的病态。她要求我满足她的那种爱，在本质上，是一种唯有人在婴儿期才能享受到的无条件的母爱。这可能是由于雪莉在婴儿时期没有获得母亲无条件的肯定和爱造成的。她在婴儿时期被剥夺了这项理应具有的权利，所以她强求我给予她这位心理不健全的成年人以无条件的爱。但我可能弥补不了她的这种缺憾，因为她既要求我如母亲爱婴儿般爱她，又要求我像对待成年人一样平起平坐地对待她，这种要求反映出她的病态。布伯认为，伪善之人总是提出脱离事实的要求，并坚持自己的主张。若无例外，她的要求是无法实现的。

雪莉其实根本就不想获救，因为她只希望被人爱，却不希望被别人改变。虽然雪莉不动声色地继续接受着治疗，但是她越来越明显地表现出向我索爱的企图，对我的建议则充耳不闻，丝毫不愿做出改变。换句话说，她既想拥有我的爱，又想继续姑息她的神经官能症——打算维持病态的自我，又获得他人的肯定。

自闭，是更高程度的自恋

到现在，雪莉病态的想法已经表现得较为明显了，但是，直到治疗进行到第三年，它才真正在我面前表露无遗。那时，我才了解到雪莉其实很孤僻、很自闭。

所谓心灵健康的人，是指能够适时地调整自己，使自己的行为顺从、屈服于在层次上高于自己当下愿望的意志。在某些特定时刻，人必须暂时压制下自己内心的欲念，顺从那些层次较高的意志，只有这样，才能更好地适应社会。对教徒而言，这个层次较高的意志就是上帝的旨意，因此教徒常说："依上帝的意旨，而非我个人的意志行事。"对于心灵健康的非教徒而言，这些更高层次的意志可能是真理、爱，以及他人或现实的客观情况。正如我在《少有人走的路：心智成熟的旅程》一书中对"心灵健康"所下的定义：不计任何代价，持续致力于认清现实的过程。

我们将"自闭症"定义为一种疾病，即完全无法认清现实的疾病。"自闭症"一词起源于希腊文的字根"自我"(AMTO)。自闭症患者忽视客观现实，活在自我的世界，一切以自我为中心。自闭是更高程度的自恋。

每当我问雪莉为何想与我发生性关系时，她总是毫不犹豫地回答道："因为我爱你。"我自然是始终都质疑这份爱的真实性，但这并不能动摇雪莉对这份所谓的爱的坚信。在我看来，这就是自闭症的表现。她认为每个月交给我不同图案的支票就是爱我的表现。在她心里，我和图案不重样的支票之间有着某种关联，但是这些关联全都是雪莉凭空想象出来的。事实上，我根本不在乎她的支票是否重样，她所选的支票图案与现实中的我没有任何关系。

雪莉所属的教派是以"爱人类"为主要教义的，所以她自认为她爱每个人。雪莉在日常生活中，会随时分送礼物给他人。雪莉自认为，凭借着自己这种"温馨的关爱"，她可以无愧地游走于世间。但是我对她付出的这份爱却有些看法：她在付出爱的时候，全然不顾及别人需不需要。我记得，有一个冬夜，会诊结束后，我倒了一杯马丁尼走进客厅，打算趁此清闲，坐在火炉旁翻阅信件。就在这时，我听到外面传来不断发动引擎、启动车子所发出的噪音，于是我走到户外，结果发现那个人正是雪莉。

我走上前去，她看到我后，说："我的车子发动不了了，不知道什么问题。"

我问："是不是没汽油了？"

"应该不会吧。"她回答。

"不会？油表的指针是多少？"

"呀，零！"雪莉似乎很愉快。

我哭笑不得："油表的刻度都是零了，你车子还能走得动吗？”

“不一定呀，因为我的指针永远指着零。”

我问：“什么？永远指着零？难道你的油表坏了？”

“不，油表没坏。我每一次加的油都不会超过几加仑，我认为这样可以省油。而且，在不知道油够不够的时候，冒险碰一下运气也挺有意思的。我的运气通常还不错。”

“那你不幸碰到油用完的情形有几次？”我吃惊地问道。这是我在雪莉身上发现的又一个新鲜、古怪的固定行为模式。

“不多。一年之内大概只有两三次。”

“这就是其中的一次？”我略带讥讽地问道，“那么现在你打算怎么办？”

“你可不可以让我进屋打个电话求救呢？”

“雪莉，现在已经是晚上九点了，这儿又是郊区，你能找谁呢？”

“工作人员偶尔也会在晚上出动。不然，还有一个办法，就是你借我点儿汽油。”

“我家好像没存多余的汽油。”

“那先从你车子的油箱里吸一些出来，这主意不赖吧！”雪莉问道。

“这应该没问题，”我表示赞同，“可我用什么吸呀？”

“我有吸油管。”雪莉开心地答道，“就在我行李箱内，我总是习惯把一切东西都备好，以防万一。”

我又找出桶和漏斗，用她的吸油管吸了一加仑左右油，汽油汩汩流入了雪莉的油箱。灌完油后，雪莉启动起车子，得意地离去了。回到屋内，我全身发抖。马丁尼倒还温温的，只是变了味道。满嘴的汽油味遮住了酒的美味。整个晚上，除了留在口中的汽油臭味外，我口中再也没有其他味道了。

两天后，雪莉又来应诊。她说自从上次会诊后，自己生活得很平静。我问她怎么看先前发生的事？

“我认为事情处理得很得当，”她回答，“我真的很高兴。”

“高兴？”我问道。

“是呀，开动脑筋，先思考怎么将油吸出来，再想如何发动车子，你不觉得这很刺激吗？就像是一场探险。最重要的是，这样的经历是我们俩一起分享的。你知道吗？这可是我们第一次携手共同完成一件事。和你一起在黑夜里干活，别有一番趣味。”

“你想知道我的感受吗？”我问道。

“你的感受？我猜应该也很开心吧。”

“你为什么会这么想？”

“不为什么，难道你不觉得很开心吗？”

“雪莉，”我说道，“你想没想过，那天晚上我有更重要的事要做，但因为帮你发动车子而耽搁了？”

“但助人为快乐之本，不是吗？至少我自己是这么认为的，难道你不这么认为吗？”

“雪莉，”我再次问道，“我帮你的车灌汽油，你就一点也不感觉到不好意思或难为情吗？你不觉得让我帮你处理这些烂摊子有点过意不去吗？毕竟这是你自己的过失。”

“可是这又不是我的错。”

“不是吗？”

“不是！”雪莉斩钉截铁地回答，“我没想到车子油箱内的汽油会用完，这不是我的错。你一定会说我早该想到，但我能一年之内只出两到三次意外，谁想到让你给碰上了呢。”

“雪莉，”我说道，“我开车的时间有你三倍那么长，可是我从来没遇到过汽油用光的情况。”

“你认为这是件很了不起的大事吗？我认为，你有点儿小题大做了。这完全不是我的错，你太苛责我了。”

我投降了。此时此刻，我已经精疲力竭了，懒得再和她争论，而她从来就不会考虑我的感受。

自闭是自恋的终极形式。彻底的自恋者会认为人与家具没什么两样，都是不具有心理感受和情绪的实物。自恋者心中只认为自己最重要，即布伯所谓的唯我独尊的“自我主义”关系观。就像雪莉，她所谓的“爱”全是她脑子中幻想出来的，虽然我也相信雪莉真心地认为她爱我，但这根本就不是客观存在的事实，只是她在欺骗自己罢了。雪莉自认为自己是“照耀人类之光”，相信自己的足迹所及之处必然充满了欢笑和喜乐，但是我和其他认识她的人都认为，她所到之处总会留下一阵骚动与不安。

雪莉永远认为自己的行为很正常，而我和其他人常常被她搞得哭笑不得。比方说，只要她开车去远处，肯定会迷路。对此我感到十分不解。后来我才发现，原因很简单，就是因为她的自闭症，只不过以前我把它想得太复杂了，现在我的困惑迎刃而解。

有一天，雪莉抱怨道她本来打算去纽约市，但后来不知不觉来到了纽约州的纽堡市。我说："你是不是错过了从 84 号州际公路通往 64 号州际公路的岔道。"

"没错。"雪莉欢快地承认道，"我本来应该走 64 号州际公路。"

"那条路你不是走过很多次了吗，而且岔道的路标也一目了然，你怎么会错过呢？"

"当时我正在哼歌，脑子一直在想下面应该怎么唱。"

"原来是你没专心开车。"

"我不是说了，我在哼歌吗。"雪莉颇为不悦地答道。

我坚称："雪莉，你经常迷路，每次的原因都大同小异，就是因为你不专心看路标。"

"我不能一心二用，既想着歌曲的调子，又专心看路标吧。"

"对！"我说道，"但你不能让公路管理局随时去为你服务。如果你不愿意迷路，就必须专心看路标。如果你总沉浸在幻想中，就会与外界格格不入。雪莉，我可能说得太直白、太严厉了，但这是实情，请你原谅。"

雪莉突然从沙发上跳了起来说："我没想到这次会诊会是这样。"她冷冷地丢下一句："我不想为了迎合你而像个孩子一样撒谎、说大话，我走了，咱们下周见！"

这已经不是雪莉第一次中途离去了。我像往常一样，求她留下来："雪莉，你还有一大半的时间，留下来，我们再谈谈，这个话题很重要。"

但是雪莉对我的劝阻无动于衷，摔门而去。

就在此时，我总结出了雪莉的另一个特点：无论干什么工作都没有耐性。在两年半的疗程中，雪莉换了四份性质截然不同的工作。在更换工作期间，她还有很长一段时间处于失业状态。就在她即将开始第五份工作前，我问她："你紧不紧张？"

她露出惊讶的神情："不会啊！我干吗要紧张？"可以看出，她的惊讶绝不是矫饰出来的。

我说："但我在开始新工作前就会紧张。如果在此之前我已经被解雇了无数次，那么我就会更加紧张。因为我会担心自己不能胜任。总之，如果我进入一个新的工作环境，对那里的工作规则又不太了解，我都会有一点担心害怕的。"

"可是我清楚工作规则呀。"雪莉辩解道。

我一阵错愕，几乎无语了："你还没开始工作，怎么可能清楚工作规则呢？"

"我的工作是做专员助理，负责辅导州立学校的智障学生。雇用我的女主管说，病人与孩子差不多。我照顾小孩很在行，因为我有一个妹妹，而且我以前还当过主日学的老师。"

经过更进一步观察，我渐渐发现，雪莉之所以不紧张并不是因为她事先清楚工作规则，而是她对于我们所说的工作规则根本不在乎。她所遵守的所有规则都是她自己定的，而不是上司所要求的。当她的认知与客观事实不一致时，她也不会产生困惑，因为她根本不会理会客观事实，她从来都是按照自己设定好的规则行事，完全不会服从老板的吩咐。正因为如此，她也就始终不明白为什么同事总会被她弄得不胜其烦了。不管她在哪里工作，总能用不了多久，就会把同事惹得火冒三丈，到最后几乎所有的人都无法再忍受她。每到这时，雪莉总是会抱怨道："这些人真不宽容。"她也总这样责怪我。雪莉从来就没考虑过真实情况是怎样的。

至此，雪莉不能大学毕业的原因也终于水落石出了。她很少能在规定期限内完成作业，即使完成了，多半也不符合教授的要求。最初，我本来是推荐雪莉去别的心理医生那儿咨询的，这位心理医生给她的评语是"其智商之高，足以覆船舰"。但就是这么一个高智商的人，却连个二流大学也读不下来。不管是循循善诱，还是当头棒喝，总之我用尽了所有的方法，不厌其烦地告诉她，漠视他人的存在是她屡屡受挫的主要原因，做事没有耐性、动辄自我放弃则是她自以为是的极端表现。我一说到这个问题时，她总是狡辩："社会太死板，人们太无情。"

她的问题，我准备放在最后，从理论及心理学的角度加以阐述。

有一天，雪莉向我抱怨："好像没什么有意义的事。"

我故作无知地问她："人生的意义是什么？"

她好像大动肝火，回答说："我怎么知道？"

我说："你是一个虔诚的教徒，你所信仰的宗教教义中没讨论过人生的意义吗？"

"你想引导我，套我的话。"雪莉机警地说道。

"没错。"我表示同意，"我是想引导你，为的是让你看清问题。你所信仰的宗教认为生命的意义是什么？”

“我又不是基督徒，”雪莉宣称，“我所信仰的宗教只谈爱，不谈人生的意义。”

“那么，那些基督徒认为人生的意义是什么呢？即使你不信奉基督教，至少可以把基督当作一个榜样吧。”

“我对榜样不感兴趣。”

“你从小就接受基督的熏陶，还专门学习过两年的基督教教义，”我继续激她，“我想你不会对基督教主张的人生意义，以及人类存在的目的一无所知吧？”

“人存在是为了荣耀上帝。”雪莉以平直、低沉、毫无情感的语调回答道，就好像有人用枪口抵住她，硬让她将格格不入的基督教义死背下来一样。然后，她绷着脸又重复了一遍：“人生的宗旨是为了荣耀上帝。”

“所以呢？”我问道。

这时突然出现一阵短暂的静默。那一刻，我有种预感，我会听到她的哭声——听到自我辅导她以来的第一次哭声！“我做不到，我心里容不下这种想法，那会让我生不如死。”她用颤抖的声音说道。然后，本来断断续续的呜咽抽泣声，突然转为号啕大哭，我甚至被吓了一大跳。“我不想为上帝而活，不想；我要为自己活着，只为我自己而活！”雪莉又一次摔门离去。我为她感到深深的同情。我也很想哭，但就是掉不出眼泪来，于是，我轻声低诉道：“噢！上帝啊！她活得好孤单啊！”

不愿意放弃病态的自我，是觉得病态的自我很好

在雪莉接受治疗的过程中，她反复声明，她不仅爱我，而且想做个“好女人”。虽然，我很早以前就怀疑她的这些说法的真实性，但雪莉却坚信自己所说的是真的，更确切地说，雪莉也被自己的谎言欺骗了。其实，在雪莉的潜意识中，确实有说实话的欲望。正是因为这样，我与她之间的真实关系，后来才能在她的潜意识里通过梦境完全表露出来。

在疗程进入第四年后，有一天，雪莉向我叙述了她前一天晚上所做的梦：“昨晚我做了个梦。梦中的我生活在另一个星球上。我的同胞与异族人展开了大战，战争始终难分胜负。为此，我建造了一台功能强大的神奇机器。这台机器外形庞大，能攻能守，集各式武器于一体：既可以在水中发射水雷，也可发射远程火箭，还能喷射化学物质，总之功能非常强大。有了它，我们就胜利在望了。就在我准备在实验室中为机器做最后测试之时，一名外星人男子闯了进来。这个外星人是我们的敌人。我知道他一定是来破坏我的机器的，但是我一点儿也不担心，因为我已经做好准备了，胸有成竹。我打算在他破坏机器之前，先和他做爱，等

完事之后，再将他推开，这样他的计划就无法得逞了。于是，我们俩就在实验室一角的沙发上开始做爱。但是正在这时候，他突然从沙发上跳起来，飞快冲向前去，企图摧毁机器。我一个箭步跨到机器前，按下防卫系统的启动按钮，打算让人机俱毁，但是机器没有任何反应。我想一定是当时没来得及完成最后的检验及发射测试，现在程序出问题了。我发疯似的猛摁按钮、猛拉启动杆。就在这时，我从万分惊慌中醒了过来。在心情平静之后，我仍然一直在想，最后到底是我阻止了他的破坏行动，还是他成功地摧毁了我精美的机器。”

我听完后，试着给雪莉解析这个梦的含义，然而雪莉听到我的分析后却异常激动，我想这正是这场梦值得关注之处。

“你对这场梦的第一感觉是什么？”我问道，“就是说在你清醒后，你最初的情绪是什么？”

“愤怒。我非常生气。”

“生什么气？”

“大骗子，”雪莉回答，“那个男人欺骗了我。他装出一副想和我上床的样子，让我以为他真的喜欢我，就在我的情欲战胜理智之时，他竟然把我扔到一边，起身破坏我的机器。他为了破坏我的机器而假装喜欢我。他这是在欺骗我、利用我。”

“可你不一样也欺骗、利用他吗？”我问道。

“你这话是什么意思？”

“你一开始就知道他是冲着机器来的，”我解释道，“既然你早就知道他的目的所在，那么他最后的行为应该在你意料之中呀，你为什么还生这么大的气？而且你也没表示过梦中的你喜欢他、关心他呀。所以，我反而认为，你企图和他发生性关系是为了欺骗、诱拐他。事实上，你本来不就打算在性交后甩了他，甚至杀了他吗？你本以为自己可以神不知、鬼不觉，可以如愿以偿，没想到被别人算计了。”

“不对，就是他欺骗我。”雪莉坚称，“他假装爱我，但事实上，他根本不爱我。”

我问：“你认为这个‘他’代表谁呢？”

“这个？可能是你吧。他的样子与你有些相像，头发也是金色的，个子也是高高的。”雪莉回答道，“这是我完全清醒之后的判断。”

“这么说，实际上，你生的是我的气？你认为我在欺骗你？”

从雪莉看我的表情，我断定，她一定认为我像个白痴，总讲一些众人皆知的废话。

“我当然是生你的气，我已经跟你说过无数次了，你不够关心我。可以说，你从未知道过我心里在想什么。你用心了解过我的感受吗？”

“还有，我不愿意和你发展男女关系，是吗？”

“是的，这表示你根本就不爱我。”

“这是因为我不愿意欺骗你。”我表示，“我表达得很清楚，我根本就没有与你发生性关系的意愿，所以不能随随便便与你上床。”

“这不等于你在欺骗我吗？因为你说过你关心我的。”雪莉坚决地表示，“你一定是自以为你很关心我，但是你实际上是在自欺欺人，你从来都很自以为是。如果你真的关心我，绝不会是现在这个样子。”

我问：“如果你梦里的那个男人象征了我，那么机器又象征了什么？”

“机器吗？”

“是的，那台机器。”

“噢，这个问题我倒是没想过。”雪莉迟疑道，“我猜可能是我的智力吧。”

“你的智力的确非常人所能比。”我表示。

“我认为你就是想用那一套治疗方法，使我的智力减弱。”雪莉饶有兴致地解释道，“这一点，我曾经对你说过。你有时给我灌输一些我并不相信的事，其目的就是想借此减损我的智力及意志力。”

“但是在梦境里，你的智力似乎全用在与人争斗上了。”我表示，“你的智力确实像那台装满了攻防系统的机器，对你而言，它的用处不过就是对付他人而已。”

“对，与你这样的人交锋，确实需要我开动一下智力。”雪莉愉悦地答道，“因为你和我一样都是高智商的人，我们算得上是棋逢对手、将遇良才了。”

“为什么我非得是你的对手不可呢？”我问道。

雪莉迟疑了一下，答道：“在梦里，你不就是我的对手吗？”最后，她终于说出了最要紧的话，“因为你想摧毁我的机器。”

我表示："如果机器代表你的神经官能症，而不是你的智力，那么我承认，我确实想要除掉它。"

雪莉大声咆哮道："不是！"

这一声"不是"的力量之大吓得我本能地向椅子内缩去，我试探性探起身问道："不是什么？"

"不是象征我的神经官能症！"

我再度像泄了气的皮球一样瘫坐在了椅子上。现在我已经回想不起雪莉那声"不"到底有多大声了，但我感觉当时她是竭尽全力对着我尖叫的。

"你凭什么认为那不是象征着你的神经官能症？"虽然我还有点担心她会因此而动怒，但我还是忍不住问了出来。

雪莉哭着说："因为机器很美好。"接着，她啜泣着低声描述机器的外貌："我的机器是美的化身，它精细复杂的构造令人叹为观止，它所具备的功能无所不包。它是我奇思妙想的结晶，是我在极小心谨慎的情况下，付出巨大的心血建造而成的。这台机器上有许多操作仪器和部件，可以算得上是一项伟大的工程，也是有史以来最完美的杰作，它不应该被毁掉。"

"可是那台机器能发挥什么效用呢？"我低声补充道。

雪莉再度尖叫道："当然有用！它本来是可以发挥作用的，只是我没来得及测试，只要我再多有一点时间，完成最后一道工序，机器就可以发挥功效了。"

"雪莉，我认为机器就是象征了你的神经官能症，"我说道，"你的神经官能症病情严重，病况复杂，病史长久，它就像这台机器一样，使你事事不顺，不但在你需要的时候，派不上用场，而且发挥的功能越多，给你带来的麻烦就越大。此外，就像机器是你用来自我保护、对付战争的一样，神经官能症就是让你自我‘保护’，应付人际关系的，只不过它是通过让你与人群、父母疏远的方式来保护你。你现在需要的不是这种保护，你必须真诚地面对他人，而不是与他人对立。那台机器对你没什么帮助，它只会阻碍你，别忘了，机器只是一种专为战事而设的武器，它的功用是让你远离人群。”

“它不是只为战事而设！”雪莉发出野兽般的号叫，“它还有其他的功能呢，它可以维系和平。”

“怎么维系呢，举个例子？”我问道。

雪莉显得有点不知所措。她沉吟了一阵，似乎在记忆中搜寻着什么，然后一本正经、煞有介事地指出：“比方说，机器靠近底端的部分，有一个部件可以帮助我们修护受损的表皮，例如脚指甲周围的皮肤，在这方面，这台机器能发挥很好的功效。”

我不禁失声大笑，我知道我不该有此表现。

看到我的反应后，雪莉从沙发上跳了起来。“这台机器不是神经官能症。”她大怒道，“不允许你再这样说。这次会诊就此结束。”我还没来得及说什么，雪莉便大步走出会诊室，夺门而去。

此后的一次诊疗，雪莉依然如约前来。梦境事件发生后，她又持续接受了六个月的治疗，但我们都没有再提到这场梦，因为每当我试图把话题转向那个梦时，她就表现出强烈的抗拒。她果真不许我再提这个梦了。

不放弃病态的自我，人就会变得邪恶

雪莉在梦境中，将我定位成异族敌人；在现实生活中，对我也丝毫不加尊重。雪莉每星期接受我两至四次辅导，这样的医患关系已经超过三年了。虽然我赚了她很多诊疗费，但我问心无愧，因为扪心自问，我已经尽力向她付出我的爱了。她每每信誓旦旦地说爱我，但在潜意识里，在那个人类存放真相的场所，她一直给我贴着敌人及外来者的标签。

当然，我承认从某种意义上说，我有着跟雪莉一样的感受——也把她视为敌人。我之所以害怕与她发生性关系，很大一部分原因可能就是怕她威胁到我的安全。这种恐惧感可能就是我将她视为敌人的表现吧。我相信，虽然我与雪莉已经接触了很长一段时间，但仍然对她内心深处的某些想法不甚了然，这也是我总无法对她产生同情心的原因所在。她没有将我视为同类，我又如何会将她视为同类呢？她自始至终指责我不近人情，无法与她产生共鸣，我有时想想，她说的还真没错。也许当初我应该推荐给她一位更有同情心、与我治疗风格截然不同的医生，但是我实在想不出那个人是谁，因为有了前一位医生失败的治疗经验，我担心继我之后的心理医生也会遭遇同样的命运。

雪莉似乎经常会产生一些我理解不了的欲望。滋生这些欲望的动机是什么？我也想不明白。由于这种“不合乎人性”的特质超出了正常心理所能承受的范围，因此我将之贴上了“伪善和邪恶”的标签。但究竟是因为“伪善和邪恶”才使我与她划清了界限，还是因为她与我道不同，才被我贴上了“伪善和邪恶”的标签，我至今都没想清楚。

春暖花开、秋阳高照的美好季节，旭日东升、落日映辉的壮美景色，都无法使雪莉振作精神，能够取悦她的，只有死气沉沉的阴天。每当遇上这种天气，她总会开心地吹起口哨。但也不是所有的阴天雪莉都喜欢。温暖宜人、细雨绵绵、落英缤纷的阴天和夏日沿海地带雾气氤氲的阴天，她就不喜欢。她只喜欢单调乏味、毫无生气的阴天。三月中旬的新英格兰地区在经过冬天风雪的肆虐后，那种碎石残落、树枝断裂、土地泥泞、污雪四散的景象最能令她开心。为什么这种单调乏味、死气沉沉、压抑郁闷、众人皆嫌的天气却是雪莉的最爱呢？雪莉喜欢这种天气，究竟是因为这种天气令大家愁苦呢，还是她本来就喜欢这种风雨凄凄的感觉？抑或是这种气候对她来说有着某种更为特殊的意义，触动了她的心弦？答案究竟是什么？我不清楚。

从去年起，我将雪莉确定为伪善和邪恶的人，并开始与之抗衡。但我第一次怀疑她具备邪恶的特质，是在她道出神奇机器之梦的几个月前的一天。那天我告诉她：“雪莉，你唯恐天下不乱，到处制造混乱不安，以前，你总是把这一切归结为意外，但是我现在发觉这些纷扰不安往往是你故意制造的。在诊疗过程中，你仍旧恶习不改。我真不明白，你为什么要这么做？”

“因为有趣呀。”

“有趣？”

“是的，让你困扰，我觉得真有趣。这是一种权力带给我的乐趣。”

我问：“你不觉得，靠真才实学得到的权力，比给别人制造困扰得到的权力，更有乐趣吗？”

“我不觉得。”

“你将自己的快乐建立在别人的痛苦之上，难道不会感到惭愧吗？”

“不会。我又没把别人伤得很重，只是一些小小的麻烦，不是吗？”

雪莉说得没错。据我所知，她的确从不会让别人对她咬牙切齿，顶多只会弄得别人不堪其扰、深陷无奈。她为何乐此不疲地给别人制造麻烦呢？我决定继续逼问她原因。我说：“雪莉，虽然你的毁灭特质不太明显，但是我依然认为你引以为荣的事，多少有些邪恶的成分。”

“是的，可以这么说。”雪莉答得很干脆。

“雪莉，我真不明白，”我追问道，“我都快称你为恶魔了，你为什么竟然还能无动于衷？”

“那你说我应该怎么样呢？”

“你至少可以对我的说法，表示出很难过的样子。”

“你认识什么不错的驱魔师吗？”雪莉突然问我。

我完全没料到她会这么问：“没听说过。”我呆呆地回答。

“那难过有什么用啊？”雪莉开心地答道。

我倒吸一口冷气，突然感到一阵轻微的晕眩，好像在这一回合过招中，被一流的拳击手击中了一样。但这却促使我第一次开始研究“着魔”及“驱魔”现象。这个主题很怪异，起初，我真的不知道作为研究，我应该查阅哪些书籍。后来，通过遍阅这方面的书籍，我了解到了一些作者，他们头脑清晰、做事负责，且充满爱心。我和这些作者就相关话题进行了一番讨论。于是，在四个月之后，我决定向雪莉旧话重提。

“雪莉，你记不记得几个月前，你曾经问过我，认不认识不错的驱魔师？”我问道。

“当然，对于我们谈论过的每一件事，我都记得。”

“虽然迄今为止我仍然一个也不认识，但我把这类主题的书籍读了个遍。如果你需要，我相信可以帮你找到合适的人选。”

“谢了，我现在对生物能量学比较感兴趣。”

“够了！雪莉！”我怒不可遏，“我们谈论的不是一些无关紧要的小紧张、小压力或是小焦虑，而是邪恶，这不是无关痛痒的小毛病，而是非常丑陋可憎的东西。”

“我已经说过了，”雪莉促狭地说，“我现在对生物能量学有兴趣，对驱魔术没兴趣。既然在你眼里，我都成为邪恶的人了，我很想知道你还能用什么方式来帮助我？你还能说动我，让我信服吗？还能给我我所需要的同情心吗？你的看法进一步证明了我一直强调的话：你根本就不关心我。”

我心中冲起一阵恼怒厌烦的情绪，在恢复平静后，我仍然在她的任性、自以为是及自我毁灭面前保持耐心，仍然要求自己把她当成孩子去爱她，仍然告诉自己尽我所能以一切正常的方式来关心她。这是我所能想到的唯一处理办法。但是如我所料，她反应依旧。希望愈来愈渺茫，在这种情况下，似乎我只能等待奇迹的出现，除此之外，我真不知道还有什么办法。

雪莉的精神状况极其特殊，虽然她异于常人，但她并不是精神“不稳定”，相反，她的精神状况出奇的稳定。她对自己的自闭症无动于衷，从不听从医生的建议，也不愿将自己的情况据实以告。虽然她不时也会有选择地吐露一些心事，但对于有助于治疗的重要事实，她通常会加以隐瞒。在每一次会诊的整个过程中，她几乎都要尽力使自己处于主控地位。

在第 421 次会诊中，雪莉一反常态，她的表现令我惊喜。那天下午，她在沙发上坐稳后，一口气直言不讳地道出了内心的所有想法及感受。这令我震惊不已。雪莉的确是个表达高手，表达水平之高无有出其右者。我没有察觉到她是否对我隐瞒了什么关键讯息，暂且当她对我毫无隐瞒吧。单看她在这 50 分钟的表现，她绝对算得上十分配合的病人。在会诊还剩下 5 分钟时，我告诉雪莉，我对她如此出色的表现十分欣赏，并对此感到非常惊讶。

“我想你应该会满意的。”她说道。

我问：“你为什么突然改变作风，愿意自由畅谈，不再和我争吵、抗争了呢？”

“我只是想向你证明，只要我愿意，我就能办得到。”她回答，“我完全可以按你的要求自由联想、自由畅谈。”

“嗯，你确实做到了。”我回答，“而且表现得很完美，我希望你能够持之以恒。”

“不，我以后不会了。”

“不会什么？”我轻声问道。

“不会再这么做了。这是我的最后一次会诊，我已经决定不再接受治疗了，因为你并不是适合我的心理医生。”

此刻距离会诊结束还有30秒。我决定利用这仅剩的30秒时间向雪莉提出劝阻，但是她态度坚决。我请下一位正在门外候诊的病人再稍候15分钟。我希望用这15分钟的时间把雪莉劝说成功，但她丝毫不肯让步，任何话都听不进去。她认为自己需要一位“不太固执”的心理医生。看来她心意已决。最后，我只得让她离去。此后，我也曾写过几封信给雪莉，但都未能再见到她。这个案例让我获得了非同一般的诊疗经验。

内心没有安全感，就想去控制外面的一切

在我与雪莉接触的这段时间中，她始终试图在我们的关系中处于主控地位。她想征服我、玩弄我。她这些欲望完全是一种从

个人角度出发的权力欲。雪莉渴望拥有的权力，完全不同于那种可以改良社会、改善家庭、提升自我的权力，所以她所渴望的权力不属于高层次的力量。

雪莉的生活被那些无知、无聊且无意义的琐事所充斥，从这一点来看，她不太可能成为大人物。在如戏的人生中，她这样的角色不过是给上司添点闲气罢了。但假设雪莉继承的不是一小笔信托基金，而是整个大公司，当老板的不是雪莉的上司而是雪莉，那么，员工面临的可能就不是她的小纷扰而是毁灭性的奇特管理方式了。又或者雪莉成为人母，那么，她闹剧般荒诞的行为，很可能会造成别人的巨大悲剧。

我曾如此定义“邪恶”：邪恶就是用谎言维护病态的自我，由此积聚的一股企图扼杀生命力或活力的力量。所谓病态的自我，就是被谎言包裹着的自我。这个自我不敢面对自己的问题和痛苦，不愿正视自己。说谎的人虽然外表从容淡定，但却始终不敢去正视自己的内心，因为正视内心会让他们感受到极大的痛苦，他们不明白痛苦正是生命力的一种表现，否认痛苦也就否认了生命力。雪莉的生活之所以只像个低俗的闹剧，而并未造成恐怖的悲剧，只不过是因为她的影响力有限，没有太多供其发挥的空间而已。假如她结了婚，嫁为人妻，那么她很可能成为另一个桑德拉；假如她养了孩子，成为人母，也许就是另一个罗太太；又假设她主掌一个国家，那么她极可能成为与希特勒或乌干达的暴君阿敏一样的人物。

雪莉身上的邪气来自她心灵的谎言。在她的儿童时期，她没有勇气去面对恋亲冲突给她带来的痛苦，因而她在潜意识里用谎言去逃避。在意识中，她一直认为自己是无所不能的，将自己的生命停留在自己的儿童时期，拒绝接受心灵的成长。我一直在想，为什么这么多年来，雪莉一直不敢面对自己心灵的谎言？为什么她宁可选择孤僻、恶性自恋、强烈的控制欲望这些让她痛苦的手段和方式，去维护病态的自我，而不是勇敢地面对自己心灵的谎言呢？她为什么那么渴望得到他人的爱和肯定呢？我只知道，父母爱的缺失曾经让她无法面对恋亲冲突的痛苦；那么爱能给她面对自己心灵谎言的勇气吗？前面章节我们提到的撒谎成性之人，他们选择谎言逃避痛苦，很大程度上是因为他们对爱的缺失或者漠视，如果让他们沐浴在爱的阳光下，他们能勇敢地面对谎言吗？对于这些问题，我现在实在无法给出结论。

雪莉一直活在自己的谎言之中，她害怕别人戳穿这个谎言。因为她不敢直面谎言，所以，她想控制一切。由于说谎者总是格外的任性霸道且权力欲浓厚，因此，我猜，他们强烈地渴望扩张自身的影响力。我无法肯定雪莉的影响力不足是因为她还不够撒谎成性，还是因为撒谎成性并不算无药可救。总之，所有的证据显示，雪莉虽然有邪气但还没走火入魔。在未获得明确答案之前，我宁可先相信她禀性善良。

毫无疑问，雪莉是个失败的人。虽然她未成为大奸大恶之徒，但她却是一个毫无创造力的人。尽管她幸运地继承了一笔遗产，但她却一无是处。我曾说过雪莉的人生是个“喜剧”，因为她在自我毁灭，而喜剧就是把没有价值的东西毁灭给人看，但我从不认为能力差、无法正确发挥个人潜力是件可笑的事。我想雪莉对于自己的一事无成，也一定不觉得可笑。雪莉虽然智力超人，但却无用至极，然而，她对于自己的无用丝毫不以为意。她很热衷于把自己留下的一堆烂摊子交给别人去收拾，认为这是枯燥生活中的调味剂。我认为她是我所见过的最可悲的人物之一。

帮不了雪莉，我感到很悲哀。不论雪莉是否是真心实意地想来寻求“帮助”，至少每次诊疗她都真真切切地坐在我面前。但她所需要的东西是我所无法给予的。她由于无法得到自己想要的东西而产生了无力感和挫败感，而我又何尝不是呢？

没勇气正视过去，就不会有未来

辅导雪莉的那段期间里，我对于根本的人性之恶，一无所知。在我的专业知识领域内，没有“撒谎成性”这样的词汇，也从不曾接受以对付“邪恶之人”为主题的训练。因为对于心理医生或是任何一位从事科学研究的人来说，“邪恶”不是公认必须探讨的领域。我一直被灌输的观念是，精神病理只能用已知的疾病学或精神力学的理论来诠释，在标准化的“心理异常诊断统计手册”(Diagnostic And Statistical Manual) 中，每种精神病理都有适当的命名。我从未认为美国精神医学界全然忽略人类意志中“邪恶”的本质，是件不可思议的事。从前没有任何人向我讲述过与雪莉类似的个案，因此在辅导雪莉时，我时常感到措手不及，如婴儿般无助，丝毫不知该如何应对。

雪莉的个案让我获得了丰富的经验教训。毋庸置疑，是她使我萌生了写作本书的动机。

我们的心理学研究领域，迫切需要对“邪恶”进行探知，然而，这些年我从雪莉身上所获得的心得，对于这方面的贡献太微不足道了！如果有机会让我重新再辅导雪莉一次，我将会以截然不同的方式来处理，相信结果会更令人满意。

首先，我会以更敏捷的速度和更自信的态度，探究雪莉性格中所包藏的谎言，而不是受强迫型神经官能症的误导，把她当作一般的神经官能症个案处理；也不会受雪莉自闭症的误导，怀疑自己是否发现了精神分裂症的怪异变体；更不会在陷入九个月的彷徨困惑期后，又投入一年多的时间往恋亲冲突的方向，做无用的诠释。虽然，最后，当我将雪莉根本的问题归为伪善和邪恶时，我也仅能以试验的性质进行治疗，毫无权威感可言，但后来证明，当时我所归纳出的带有试验性质的结论全部是正确的。所以，我认为心理治疗不应该忽视“伪善和邪恶”这个特质。如果可以重新辅导雪莉一次，我相信用不着三年，只消三个月我便能发现雪莉的问题症结，并得到令人满意的治疗效果。

我在一点点追溯自己的困惑感时，发现激起他人的疑惑困扰正是伪善和邪恶的特征之一。在辅导雪莉的第一个月，我便已经察觉自己充满了困惑，但我当时却认为这可能是由于自己太不聪明所导致的。在整个第一年的治疗中，我从没认为我的困惑重重，是雪莉特地给我制造的。换作今天，我就会先大胆地假设一下，然后再用最短的时间加以求证，从而快速地得出正确的诊断结论。但以上述这种冷静的方式来处理雪莉的个案，会不会逼得她退出治疗？显然不无可能。

现在想想，雪莉当初为何前来治疗？她口中所说的想要寻求帮助的原因，概不可考。反倒是她所显露出的想要玩弄我、引诱我的企图，昭然若揭。后来，她为何坚持接受长期治疗？答案似乎是，我让她产生了继续玩弄我的兴致和有朝一日终能引诱我、拥有我并征服我的希望。最后，雪莉为何又放弃继续接受治疗了呢？最明显的原因应该是，在我逐渐掀开雪莉的底牌后，她察觉出引诱我、将我玩弄于股掌的可能性愈来愈小。

如果在疗程初期就明白了这些真相，那么，我不但可以及早察觉出雪莉的撒谎成性，而且还可以蓄足与谎言对抗的力量。但如此一来，雪莉极可能会老早就高举白旗，放弃这场根本赢不了的“会战”，当然，她继续接受治疗的可能性也不一定一点儿都没有。

我认为雪莉并非无药可救，真正的伪善和邪恶之人是不太可能委屈自己接受精神治疗的，因为这样的洗礼会让他们的丑陋显露无遗。雪莉之所以愿意担此风险，有可能是因为她有击垮我的信心，也有可能是因为在她内心深处还存在着被救助的渴望，毕竟她不属于穷凶极恶的类型。通常，上述两种可能性是同时存在于一身的。人都是矛盾的结合体——至少有些伪善和邪恶是经常处于矛盾冲突的状态之中的。因此，说到雪莉愿意接受治疗的原因，我个人的假设是，她既想征服我，又想被拯救。

只是，比起被拯救的欲望，雪莉的征服欲似乎更强一些。然而，如果我以更智慧的态度来面对雪莉，她渴望被拯救的一面就能凸显出来，她就会心甘情愿地屈从于自己的良知吗？这又牵涉到威权的问题了。在过去这些年中，我发现伪善和邪恶的人格外服从威权，我不知道原因何在，但这一现象确实存在。然而，要想驾驭伪善和邪恶之人，这种威权的力量必须无比强大。除了有渊博的知识做后盾之外，还需要具备一种无坚不摧的强大心理力量，而这种强大的心理力量仅能凭爱而生。辅导雪莉时，我确信我具有这股爱的力量，只是因为知识不足而失效了。如今我已然掌握了知识，如果再有机会，我仍乐于辅导雪莉，只不过一想起又要投注一次巨大的能量时，我禁不住打了个寒战。

然而，真爱的本质不就是牺牲与奉献吗？以前我从来就没真正具有过与雪莉的谎言正面交战的信心，因为我了解，如果真正与谎言交战，就必须做好心力交瘁的心理准备，甚至伤口可能永远无法痊愈。但换作是今天的我，则会迅速以威权的力量凌驾于雪莉的谎言之上，并尝试着直接道出雪莉内心的恐惧。我曾经指出，我们应同情撒谎成性之人，而不要憎恨他们，因为他们完全生活在恐惧的阴影之下。表面看来，雪莉似乎无所畏惧，对于普通人焦虑不安的事物，诸如汽油用光、开车迷路、调换工作等，她毫不上心。但如今我了解到，她那茫然无知、强作镇定的面具背后，掩藏了不为人知的恐惧——她害怕控制不了我与她之间的关系。她要我肯定她，是因为她害怕自己不值得肯定；她要我爱她，是因为她担心自己不值得被爱。

因此，在探究清雪莉伪善和邪恶的特质后，我紧接着要直接指陈出雪莉的恐惧，并要她认清自己的恐惧。我会对她说："天啊！雪莉，我不知道在这样的恐惧之中，你如何能生存下去。对于你所处的无止无休的恐惧状态，我一点也不羡慕，更不愿意和你有同样的遭遇。"过去，面对雪莉不断索要的关心，我无法给予，但如今，我可以了。当然，对于我所施与的关心，她可能会一概否决。但除此之外，我还能给予她我发自真心的怜悯之情，这种怜悯可能最终会使雪莉恍然大悟，发现自己的确迫切需要治疗。

如果换作今天，一旦察觉到雪莉流露出渴望被拯救的迹象，我会立刻给她勇气，以我的爱给她勇气。我相信爱能给她勇气，让她勇敢地战胜心灵的谎言。

心灵的谎言让雪莉不择手段，疯狂地维护病态的自我。但正因为此，她暴露了撒谎成性之人的弱点——缺乏战胜谎言的勇气，也让我们找到了救赎他们的可能和希望。我要说，撒谎成性之人不是无药可救的，而每一个人，都应该用心中的爱，给予他们勇气，让他们勇敢地面对过去，走出谎言，获得灵魂的救赎，获得心灵的成长。这将是本书最后一章将讲述的内容，也是本书的主旨和意义所在。

爱，而且只有爱，
才能给我们最终战胜谎言的勇气。

第6章

People Of The Lie

勇敢地面对谎言

圣人有坚强的意志力，这种意志力表现为坚定不移地改变自己，持续不断地拓展自己，一步一步地完善自己。在这个过程中，他们会不断放弃旧我，拥抱新我，任何力量都无法阻止他们的改变。大恶之人也有坚强的意志力，这种意志力体现为不遗余力地拒绝改变，他们抱着旧我不放，顽固坚持病态的自我，不择手段去摧毁别人。

圣人喜欢改变，大恶之人害怕改变。

圣人改变的是自己，走的是一条修行的路。他们通过完善自己，可以感召别人，唤醒别人的良知，给别人以指引。与之相反，由于大恶之人害怕改变自己，所以便会去改变别人。他们不择手段去控制别人、压制别人，甚至毁灭别人的生命。

当然，我在书中所写的恶人，都是普通的恶人，并不是像希特勒那样的大恶之人。这些普通的恶人也不像希特勒那样一心想要控制世界，他们仅仅想控制自己的孩子、丈夫以及自己身边的人。雪莉不算大恶之人，但她强烈的控制欲却使她站在了恶人的行列里。雪莉的意志力真可谓坚强，在长达数年的治疗过程中，她一直坚持病态的自我毫不动摇，并顽固地想要控制我。拒绝改变，是邪恶之人最根本的问题。在很大程度上，病态的自我，就是过时的自我，人抱着过去的自我不放，就是一种病态的表现。对于雪莉来说，由于她从小没有获得父母的爱，童年的她是可怜的、孤独的，内心充满了恐惧，这就是雪莉过去的自我。但是，随着雪莉慢慢长大，她就应该逐渐认清过去的自己，最终放弃过去的自我，获得一个崭新的自我。当然，对于幼小的孩子来说，要认清并放弃过去的自我很困难，但对于已经成年的人来说，放弃过去的自我则是必须的。20岁以前，你的问题可以由父母负责，20岁以后，你的一切问题，都应该由你自己来负责。但是，已经成年的雪莉依然停留在过去，依然希望获得母亲的抚摸，依然抱着恋父情结不放，这就像一个成年人抱着奶瓶不放一样，无疑是一种病态。亨利抱着过去不放，他年过半百，依然像个孩子，什么事都依赖妻子；雪莉抱着过去不放，她已经成年，却还像一个想要吃奶的婴儿一样，只考虑自己的需要，不考虑别人的感受。

所谓谎言，就是掩盖真相，使自己的认识与实际情况不符。过去的已经过去，你抱着过去的自我不放，与现在的情况不相符，甚至完全脱节，这就是谎言。心理医生让病人放弃过去的自己，就是要揭穿他们的谎言，帮助他们勇敢面对现实。那么，为什么人会抱着过去的自我不放呢？有两个原因：一是过去的自我被溺爱，自己感觉很舒适，不愿意去改变，这种懒惰的心理注定会阻碍成长的道路；二是过去的自我没有获得父母的爱，甚至还遭到伤害，内心充满了恐惧。雪莉就属于第二种情况，她不敢面对过去的自我，是因为过去的自我会让她感到害怕和恐惧。换一种说法，在雪莉的心中，一直存在着婴儿时期的恐惧，只有面对这种恐惧，才能最终释放恐惧。雪莉不愿意面对恐惧，一方面使得恐惧紧紧抓住她，另一方面她也紧紧抓住了过去。可以说，雪莉的一切行为，她控制我的欲望和恶性自恋的心理，都是来源于童年时内心的恐惧。

内心有多恐惧，表现在外的行为就有多顽固。

如果你想更生动地理解这一点，不妨回忆一下，当你试图把不会游泳的儿子放进游泳池时，他所表现出来的坚定和顽固，似乎九头牛都无法推动他。所以，坚持病态自我的人，常常也会表现出坚强的意志力，不过，这种坚强更多的是傲慢自大、恶性自恋、一意孤行和横行霸道。

承认病态的自我需要勇气。佛教有一句名言：“苦海无边，回头是岸。”雪莉是恐惧的，也孤独的，亨利是痛苦的，也是绝望的。如果亨利不痛苦，他就不会三番五次选择自杀。那么，在无边的苦海中，怎样获得解脱呢？这就要“回头是岸”。回头是岸，意味着勇敢地回到过去，在承认过去自我的基础上，放弃旧我，获得新我，促使自我不断拓展和完善。实际上，对真实的自我来说，这个过程，就是一个逐步揭开谎言、放弃自欺欺人、回归真相的过程。回头是岸需要勇气，如果我们缺乏勇气，不敢回头面对过去，继续用谎言来掩盖真相，坚持病态的自己，那么，就会永远在苦海中挣扎，甚至成为邪恶的化身。

为什么天使会变成魔鬼

一提到邪恶，人们自然会想到魔鬼撒旦。大家都知道撒旦是魔鬼，是邪恶的化身，但却很少有人去研究撒旦的邪恶是如何形成的。

要回答这个问题，先让我们来翻看一下有关撒旦的神话。最初，撒旦是上帝的副官，是天堂中众天使之首，也是既漂亮又可爱的晨星。撒旦代表上帝，负责通过考试来提升人类的灵魂，就像我们让小孩在学校接受测验促进他们成长一样。撒旦被称为晨星，就是因为他原本是人类灵魂的导师，是指明方向的掌灯者。

然而，一天，上帝觉得如果要进一步提升人类的灵魂，除了进行简单的考验之外，还需要有更进一步的措施，于是就要求耶稣基督和撒旦分别提交一份计划书。撒旦的计划书很简单："上帝只需派一位具有赏罚能力的天使到人间，严格管束人类，就不会出现管理的麻烦了。"耶稣的计划书与撒旦截然不同，很有想象力："使人类拥有自由意志，走自己的路，让我带着爱心去体察人世间的生活，与人类共生死，做人类的榜样，启发他们如何享受生活，让他们知道上帝对人类的关爱。"上帝认为耶稣的计划书很有创造力，就采纳了。但在撒旦看来，上帝不采纳自己的计划，无疑是在批评他，认为他不够完美。这种不被上帝接纳和肯定的感受令撒旦非常痛苦。当然，如果撒旦能够承认自己的缺陷和不完美，勇敢面对自己的问题，那么，他自己的能力就会得到极大的提升。但遗憾的是，撒旦不愿意承受自己不完美的痛苦，拒绝承认自己的缺陷和不足，选择用谎言来欺骗自己。他认为自己的计划是完美无缺的，过错只在上帝和人类身上，而根本不愿意去正视自己，反躬内省。为了维护自己病态的完美，撒旦陷入了骄傲和恶性自恋之中。他无法接受上帝的这一安排，把这一安排看作是不可忍受的奇耻大辱。不可一世的撒旦拒绝服从上帝的决定，背叛上帝另创一派。万般无奈之下，上帝只得把一意孤行的撒旦逐出天堂，贬入地狱。这位过去掌灯的晨星坠入黑暗的深渊，沦为了魔鬼。

关于撒旦的神话故事，生动阐释了邪恶的起源。

以前，撒旦是天堂中位居第一的天使，但是，由于他没有勇气面对自己的缺陷和不完美，不敢去承受不完美带给自己的痛苦，便选择用谎言来掩盖自己，以维护虚假的完美。换言之，当撒旦发现自己的缺陷和不完美时，内心十分痛苦，他不愿意承受这种内心的煎熬，就把怨气和责任推在了别人身上，从而成为了地狱里的魔鬼之王，而耶稣则成了替罪的羔羊。在地狱中，撒旦背叛上帝，展开了复仇之梦，号召堕落的天使加入它的阵营，听命于他，并不断与上帝作战，抢夺人的灵魂。曾经提升人类灵魂的撒旦，最终成为了毁灭人类灵魂的魔鬼。在与人类灵魂对抗的战争中，撒旦处处与基督为敌，始终把基督耶稣当作他的敌人。但是，耶稣与撒旦却有着根本的不同，耶稣代表了朝气勃勃的生命，撒旦则用谎言和邪恶去摧毁人的生命力。

但是，尽管撒旦拥有强大的邪恶的力量，但是他却只能控制那些不敢面对自己内心的人。不敢面对自己的内心，意味着灵魂的丧失。撒旦能够控制的正是这些失去灵魂的人。在第一章中，乔治不敢面对自己的内心，不敢去承受内心的恐惧，结果便把灵魂交给了魔鬼。同样，亨利不愿掌控自己的灵魂，他在将灵魂交给妻子管理的同时，也就等于把灵魂交给了魔鬼。雪莉不敢面对童年的经历，找不到真实的自己，也就失去了灵魂。失去灵魂的人，什么事情都能干得出来，所以，他们注定是邪恶的人。

相反，如果我们勇敢面对自己的内心，敢于正视自己的缺陷，敢于承受不完美所带来的痛苦，那么，我们就能在接纳真实自我的基础上拓展自我界限，获得心灵的成长和心智的成熟。正视自己的过程，是一个逐步面对真相，逐渐戳穿谎言的过程。由于人性中存在着许许多多的缺陷和弱点，如懒惰、恐惧和骄傲等等，所以人们往往不愿意面对现实，承受痛苦，总是用谎言来逃避。撒旦正是利用了人性中的这些弱点，才得以控制人们。一旦戳穿了内心的谎言，撒旦也就失去了邪恶的魔力。从这个角度来说，撒旦是什么？撒旦就是谎言，就是不敢面对自我的懦弱和懒惰心理，用“谎话连篇的魔鬼”来描述撒旦是再贴切不过的了，撒旦其实就是撒谎成性的化身。

相信谎言，撒旦就会复活；戳穿谎言，邪恶就会消失。

心理治疗的过程就是驱除内心谎言的过程，一位患者病愈一星期后，曾惊讶地对心理医生说：“我有点明白了，心理治疗就是一种驱谎术！”此言不虚，心理治疗只有一个目的：揭开潜伏于患者内心的谎言，然后，赶走谎言。不过，这绝不是一件容易的事情，心理治疗的过程充满困难，而且危险重重，原因在于，谎言能掩盖真相，让人逃避问题和痛苦，很少有人敢于直接面对。大多数时候，当心理医生触及到问题的核心时，病人都会极力反抗，其力量之大，让人惊讶。当我指出鲁克的父母需要心理治疗时，他们恨不能宰了我；当我指出桑德拉不希望亨利长大时，她那愤怒的神情；同样，当我对雪莉说，那台美丽的机器象征着她病态的自我时，她那声嘶力竭的否定……这一切都证明戳穿谎言需要勇气，患者必须经过一番惊心动魄的挣扎，才能治愈。然而，由于人们普遍缺乏面对自己的勇气，所以，我才说这是一条少有人走的路。

不敢面对真实的自我，人就会选择谎言；选择谎言，意味着失去自我，出卖灵魂；而一个没有灵魂的人则会无恶不作。所以，只有勇敢揭穿谎言，我们才能消除邪恶。

从根本上来说，邪恶是一种心理疾病。心理疾病的形成有一个过程，同样，治疗心理疾病也需要一个过程。在一般的案例中，最重要的步骤往往发生于患者首次决定与心理医生会面的那一刻。因为在这样的情况下，通常患者已自认有病，下定决心对抗病魔，积极寻求专业的救助。心理治疗需要勇气，实际上，寻求心理治疗的人往往都是一些勇敢的人，事实上，有些患者甚至令人非常敬佩，我已经指出过，他们前来接受治疗完全是因为他们与心中的谎言苦斗了数年。一位心理医生在治疗了一位病情严重的患者后说道：“我从没见过如此勇气十足的人！”

对很多人来说，心理治疗的初期通常痛苦而漫长，这段时间被称之为“伪装期”。我的经验证实了这一说法是真实的。所谓的伪装是指把谎言潜藏于心，不愿见光；一旦施以心理治疗，假面具被拆穿之后，谎言的罪恶也必定暴露无遗，赤裸裸现出原形。心理医生与患者交谈沟通，其目的就是要寻找到病人的真面目，再一步一步揭穿他的伪装。谎言好像有一股魔力，足以使心理医生和患者的对话含混不清，以至不知所云。当心理医生越来越有主见，更具备了拒绝随波逐流的定力之后，患者的真实的自我才会突然显露原形，假面具最后才会被揭穿。

心理治疗过程中最关键的时刻，就是直指内心，赶走谎言。大家一定还记得我在治疗乔治时所采用的方法吧，我先沉默了一会儿，因为保持沉默能让病人面对自己的内心，医生不做任何辩白，病人在孤独寂寞之中，极度渴望培养人际关系。所以，有时沉默也是一种疗法，它能够鼓励病人流露出真实的自我。接着，我便直接指出乔治是个懦夫，缺乏面对自己的勇气。当乔治意识到这些之后，心中的谎言也就被戳穿了。谎言最害怕的是见到阳光，让谎言见到阳光是心理医生的责任。但千万不可心急，不可草率从事。我亲眼目睹许多治疗的失败，都是因为最初进行得太快太急。

一位病人在治疗之后说："我搞不清楚心理治疗是怎么一回事，但是一直深藏在我内心那冷酷无情的症结，如今已消逝了。我发现自己可以成为一名称职的母亲了。难以想象的是，我觉得这次治疗不是封闭的，而是与整个世界相关的。"在此，我要向这些勇敢的病人致意：他们与撒旦抗争所经历的痛苦煎熬以及表现出的勇气，不仅为他们自己，也为人类赢得了伟大的胜利和荣誉。

过分依赖集体，个人的心智就会退化

上帝赋予人自由意志，也就是赋予了人自主选择的权力。人生是由一个接一个选择组成的，不同的选择导致不同的人生。但不可否认的是，伴随着自主选择，人也就有了更多的烦恼和痛苦。选择是一件令人烦恼和痛苦的事情。首先，选择，意味着放弃。选择一条路，意味着要放弃其他的路；有了一个选择，意味着要放弃其他选择。由于人们不愿意放弃，所以，每当面临选择时，内心总是充满了烦恼和痛苦。其次，选择会产生结果，人们必须为自己的选择负责，并承受选择所带来的结果。当然，好的结果让人欣喜，但坏的结果不仅会招致别人的指责、埋怨，也会让自己陷入懊悔和自责之中，令人痛苦不堪。许多人不愿意承担选择所带来的痛苦，便会把自主选择的权力拱手让给了别人。这就是弗洛姆所说的逃避自由。

逃避自由的人放弃了自主选择的权力，也就放弃了独立思考的能力，这意味着他们将失去独立的自我，失去自己的灵魂。一个没有灵魂的人就像一张破碎的纸片，盲目地追逐着每一阵风，完全失去了掌控自己的能力，最终会成为魔鬼撒旦的工具，干出许多邪恶的事情。

军队是最容易让人放弃自主选择权的地方，在这里，人不需要有自由意志，长官的意志就是士兵的意志，集体的利益高于一切，服从是他们的天职。所以，有权力动用军队的人必须是正义的人，如果军队被邪恶的人掌控，那么，这些没有自由意志的人，也会不加思考去执行邪恶的指令。为了具体说明这一点，下面我将向大家讲述发生在越南一个小村庄的事。

1968年3月16日清晨，越南一个名叫“美莱村”的小村庄，安静祥和。

村民们像往常一样起床、烧水、做饭……炊烟从一间间屋顶袅袅升起。这是一个美丽的村子，村民们祖祖辈辈都生活在这里。

然而，就在这时，由500人组成的一支美军却悄悄包围了这个村庄，包围圈越来越小，最后缩到了那些正在升起炊烟的屋子。接着，令人恐怖的一幕发生了：这些全副武装的美军士兵，用各种不同的武器不停地向民房内扫射，顿时，安静祥和的村庄被笼罩在了一片血雨腥风之中。屠杀一直延续至次日清晨，至少五六百名村民惨遭屠杀。

据估计，参与这次屠杀事件的美军共有500多人，但实际扣动扳机的只有50人，大约有450多人一直在一旁观看了整个屠杀过程。

这就是震惊世界的“美莱村屠杀事件”，参与屠杀的部队名为巴克特遣部队。

人们不禁会问，为什么这支美军会向手无寸铁的村民开枪呢？为什么在屠杀事件发生后的整整一年中，军队内竟无一人揭发在美莱村犯下的残忍行径呢？这桩惨案发生一年之后，才被一位名叫莱登豪尔的人披露了出来。直至此时，美国社会大众才得以获悉美莱村屠杀事件的始末。莱登豪尔本人并非巴克特遣部队的一分子，他是从一位曾经到美莱村执行任务的朋友口中得知此事件的。

1972 年春，美国陆军参谋长下令，由军医总部指派三名心理医生组成委员会，调查清楚造成美莱村屠杀事件的心理因素，然后再根据调查结果，提出建议。他们希望能通过一些心理学上的手段，防止类似暴行的再次发生。我受命担任的就是调查委员会主席一职。经过一系列的调查研究，我们有了不少发现，并根据调查结果提出了相关建议。

为什么这些美军士兵会那样没有人性呢？难道他们本来就邪恶吗？其实，就那些参与屠杀的个人来说，他们并不一定邪恶，许多人都是心地善良之辈。然而，就是这些人加入集体后，却会变得如此邪恶，为什么会这样呢？为什么一些善良之人一旦进入了集体之中，就会变得毫无人性呢？原因就在于他们放弃了自由意志，把一切选择的权力都交给了集体，与此同时，他们也把选择的痛苦和责任交给了集体。换言之，过分依赖集体，个人的心智就容易退化，他们会把自我消失在集体里，把自己的灵魂出卖给集体，成为一个没有灵魂的人：集体让他们向东，他们就向东，集体让他们向西，他们就向西，自己不需要为自己的行为负责。可怕的是，如果这个集体出了问题，他们就会变得邪恶。

一个人疯了不可怕，一群人疯了才可怕

疯子，就是指那些对现实失去了判断力的人，他们的言行不符合实际情况，与现实完全脱节。比如，明明是一个普通人，却硬说自己是天才，这就是疯子。当然，由于大脑出了问题，人会对现实失去判断力，成为生理上的疯子。但是，更多的人则是由于心理上的问题，使自己的行为脱离了实际。具体来说，这些心理问题，就是不敢面对真实的自己，用谎言来自欺欺人。乔治不敢面对自己的痛苦，结果就会臆想出一些不存在的血腥场景，使他的行为变得疯狂。同样，雪莉不敢走出童年的阴影，结果她的行为就像一个任性的婴儿，只考虑自己，不考虑别人。我们说，婴儿任性是可以的，但是已经成年的雪莉依然在用童年的心智模式来处理成年人的问题，这就严重脱离了实际，所以，雪莉的行为让人不可理喻。

一个人脱离实际之后，他的行为会变得疯狂；一群人脱离实

际之后，这一群人的行为都会变得疯狂。巴克特遣部队就是一群疯了的人。他们脱离实际情况，把普通民众当成敌军，与事实完全不符，从而造成了惨无人道的屠杀。那么，究竟是什么力量使这支部队变得如此邪恶呢？也许，病态的集体荣誉感是一个重要的原因。

前面我们说，邪恶的人不愿意改变自己，他们抱着病态的自我不放，陷入了恶性自恋之中。为了维护病态的自己，他们不管不顾，不惜去控制别人、压制别人，甚至扼杀别人的生命。同样，集体也会陷入恶性自恋之中。一些集体为了维护自己的荣誉和利益，不惜牺牲别人的利益，践踏别人的生命。巴克特遣部队就是陷入恶性自恋的集体。巴克特遣部队的任务是搜索和消灭敌人，相对于其他军队来说，巴克特遣部队仓促组建，没有任何战功，毫无荣誉可言，其自身存在着很多问题。这支军队到越南执行任务以来，不曾搜索到敌人，却误入对方雷区，损兵折将无数，这令集体的荣誉感严重受挫。如果是正常的部队，这时，集体就应该认真反思自己的问题，这样才能提高部队的能力。但是，巴克特遣部队却陷入了恶性自恋之中，为了掩盖部队有辱使命的污点，他们找不到敌人，却人为地制造出敌人，把平民当成了敌人。很多时候，当一个集体为了维护自己病态的荣誉感，或者是为了掩盖集体内部的矛盾和问题时，都会向外去寻找对手和敌人，故意“制造敌人”或憎恨“外围集体”。那么，为什么这些集体不敢面对自己的问题呢？因为面对集体内部的问题，集体就容易陷入混乱，缺乏凝聚力。凝聚力是一个集体存在的核心，消弱个体的目的，是为了增强集体的凝聚力，也就是说，个人在集体中的退化正是集体凝聚力的来源之一。这种集体凝聚力有一股强大的力量，它可以让各组成分子结合为一体，行动一致。如果集体凝聚力消失，大家行动不一致，集体也就开始瓦解，不再是集体了。我们说，圣人与大恶之人的区别在于，圣人喜欢改变自己，大恶之人喜欢改变别人。同样，正义的集体敢于正视自己内部的矛盾和问题，他们不掩盖真相，而是勇敢地面对现实，通过改变内部来提高集体的凝聚力；相反，邪恶的集体则总是掩盖内部的矛盾和问题，他们擅长激发起本集体对外部敌人的憎恨，这样一来，集体成员就会将注意力由内转向外，集中于外围团体的“罪过”上，从而轻易地忽略团体内的问题。第二次世界大战时，希特勒利用犹太人作为代罪羔羊，德国人就忽视了自己国内的问题。巴克特遣部队也是这样，为了掩盖自己的问题，转移矛盾，增加集体的凝聚力，在将领的激励下，这个集体严重脱离实际，从而变得疯狂，不惜把平民制造成敌人，以屠杀冒充战功。

所以，一个人疯了不可怕，可怕的是一群人都疯了。

一群人疯了可怕，但最可怕的是整个国家都疯了

在美莱村事件中，行凶者是个人，下命令及执行者也是个人，为什么在集体中这些人的心灵就会退化到如此地步呢？因为

在集体之中，个人往往会依附于集体，将自己的道德责任推诿到集体或其他成员身上，从而逃避自己的责任。从这个角度上来说，集体在一定意义上，就是一个可以逃避问题和责任的地方。如果说单独的个体还知道自己行为的不义的话，那么，集体内的个体则容易对于自己的行为缺乏基本的判断力。所以，在集体之中，个人的心智极容易退化，极容易对自己的过错和罪行浑然不知，并由此而变成一个邪恶而不自知的人。这也告诉我们一个道理，在一群疯了的人中，一个正常的人很难保持理智。

疯子的行为不切实际，是因为他们抱着病态的自我不放。抱着病态的自我不放，也就是我们所说的恶性自恋。集体会陷入恶性自恋，同样，一个国家也会陷入恶性自恋。在越战中，美国整个国家都陷入了恶性自恋之中。恶性自恋，意味着不敢面对真实的自己，用谎言来掩盖真相，表现在外的行为就是疯狂。

对于恶性自恋的国家来说，失败是无法接受的。我们都知道，“失败”会使人痛苦，而痛苦往往会让人变得邪恶狠毒。实际上，“失败”的痛苦能够让我们通过自我检讨及自我批评的方式获得心灵的成长。但很多遭受失败的个体因为不敢接受自我批评，在失败之际往往迁怒于人，把责任推卸给别人。这其实就是以谎言来掩饰失败，去抚慰失败的痛苦。这样的现象也会出现在国家中。国家的自我批评会损及国家的荣耀及凝聚力，所以，一些国家的领导人在失败时，都会设法激起国家对外国人或敌人的恨意，借以强化群体的凝聚力，于是，邪恶的行为就会产生。

在越战进行到 1967 年底时，美国军队之所以以恶毒的手段，无所不用其极地对付越南人，就是为了发泄他们自尊遭受蹂躏的怨气，就仿佛一个恶性自恋的个体在自己的完美形象不保时，不顾一切地去毁灭那个“挑战”其完美形象的人。那时，稍有间谍之嫌的越南人便会饱受凌虐，不论是已经丧命还是一息尚存的越南军人都要被绑在武装部队的装甲车后拖着走。此时，美军的残暴已达到了极致。到了1968年初，美国军队在越南的豪气已经丧失殆尽，军队的尊严受到了严重的打击。就在这时，骇人听闻的美莱村屠杀事件发生了。美莱村屠杀事件无疑是绝无仅有的重大恶行，然而，我十分怀疑，那只是当时的美国部队在越南各地犯下的无数罪行之一。而这一切罪行，都是因为军队的恶性自恋，他们不愿意承认自身的失败和不完美。不仅如此，美国社会和国家都陷入了恶性自恋之中，他们不能容忍越南对他们自身的完美形象进行破坏。为了维护国家的形象，美军不惜以更大的邪恶力量，摧毁着人类赖以生存的社会和自然，也摧毁着无数无辜的生命。

恶性自恋，就是不愿意改变，也包括改变自己的观念。人的观念具有某种惰性。这种惰性是指人一旦形成一种观念和心智模式，便不愿意去改变。在既有观念的指挥下，人一旦行动起来便会奋不顾身，即使错误昭然若揭地摆在眼前也不愿改变。这时候，错误的观念其实就构成了谎言，人之所以将错就错，就是因为惧怕改变观念，因为那将花费相当大的气力，并需承受痛苦。一个人要想改变观念，首先要有自我怀疑及自我批评的心胸，敢于承认自己长期以来深信不疑的想法也许并不正确。在改变的过程中，我们的内心会产生各种纠结和困惑，这种滋味很不好受。但也正是因为如此，我们才会变得虚怀若谷、毫无偏见，不断地学习和思考，忠于事实。也就是在这个过程中，我们的心灵成长了，自己也变得更加成熟。但是很可惜，很多人在这条路上拒绝改变，他们选择用谎言去掩盖真相，以此逃避心灵成长所需承受的痛苦。

美莱村事件发生时，美国的约翰逊政府就是一个选择了谎言的政府。同绝大多数庸庸碌碌的个体一样，他们从不心存疑惑，也没有“自我怀疑及自我批评的心胸”，他们认为过去 20 年发展形成的“共产主义威胁论”至今仍然适用。尽管无数证据显示，此观念已经不符合当前形势了，但他们却不予理会。对他们来说，蒙上眼睛，不去承受观念改变的痛苦，更省事、更容易。他们选择用谎言自欺欺人，其实质是对于自我审视的抛弃，是一种极度的恶性自恋。对于一般人来讲，当证据呈现在眼前时，他们往往能够忍受住自我形象受挫带来的伤痛，承认自己确实有改变的需要，并修正自己的观念。但是整个国家恶性自恋的程度却远远超过个体，在面对真凭实据时，他们不但没有勇气自我批评，反而会设法去摧毁证据。他们这么做的目的就是为了维持谎言，维持谎言背后虚幻的完美。

这再次证明恶性自恋终将导致邪恶。邪恶源于谎言，邪恶之人最大的特点就是撒谎成性。约翰逊总统显然不愿美国人了解他以美国大众的名义，在越南的所作所为，因为他明白欺骗选民是件邪恶的事，一旦暴露，势必不见容于美国人民。所以他选择了掩人耳目，这也恰恰证明了他深知自己所犯下的恶行，因此，他也是一个伪善和邪恶的人。

然而，我们若就此将当时种种的恶行完全归罪于约翰逊政府，不但是推诿，而且是罪恶。当时，并不是每一个人都被蒙在鼓里，有部分民众不久便发现政府的“邪恶残忍勾当”，但为何他们中的绝大多数不但没有气愤填膺，甚至对越战的性质丝毫不加关心呢？即使大多数人是被欺骗的，我们也必须自问一下，为什么约翰逊总统可以瞒天过海，将我们骗得团团转？

于是，我们又不得不回到人作为个体，在国家这个大的群体中，以谎言去逃避自我成长的痛苦这个事实。他们乐于让政府全权代理，正如群体中的绝大多数分子赞成由少数人行使领导权一样。美国的恶行，除了源于美国人民的个体意识的退化，更源于美国公民也沾染了约翰逊总统的恶性自恋。美国民众自以为美国的观念和政策一定不可能出错，因为美国政府必定知道其职责所在，毕竟政府是人民选举出来的，不是吗？他们认为美国政府必然善良、诚实且公正，因为他们均是一流民主体制下的产物，绝不可能犯大错，所以只要是我们的总统、专家及政府幕僚制定的决策，势必正确无误。我们不就是世界上最伟大的国家、自由世界的领袖吗？但现实呢，美国公民不过是在自欺欺人，在用谎言虚构国家的自尊和完美。

美国虽大，但仅是人类社会中的一个群体，并非全体，确切地说，美国只是人类无以计数的政治群体中的一个（我们称为国家）。美国人的恶性自恋倾向其实是我们全人类的通病。作为人类，我们必须时刻提醒自己，我们只是这个星球上众多物种之一，我们必须设法改掉自己妄自尊大、自以为是的恶性自恋倾向。

我们要时刻牢记，恶性自恋会导致邪恶，而邪恶与杀戮又是一对孪生兄弟，因为邪恶是为了护卫或保存个人病态自我的完整，而运用各种方法毁灭、迫害他人的行为，所以邪恶是生命活力的反面。美莱村事件之所以被我当作群体谎言的典型案例，就是因为它是一次骇人听闻的屠杀行动。但如果这次屠杀仅是一次过失而已，我绝不会在这上面大做文章的，关键是它背后有一个真正可怕的凶手——战争，因为在绝大多数情况下，战争是一种被大家接受的国家政策，也就是说，战争是一种合法的屠杀，因此，当大家对战争无动于衷时，邪恶与杀戮就开始了。

今日，战争几乎与国家种族尊严画上了等号，而我们所谓的民族主义不过是恶性的国家民族自恋。以自己文化为荣，又不排斥其他文化的健康心态，则较为少见。不论有意或无意，我们都教导过我们的子女应该怀抱这种国家民族的自恋情结。由无数线条勾勒成的世界地图高悬于每间美国教室的黑板上方，美国赫然位于地图的中央。我们从没想过这样的教育会导致多么荒谬可笑的后果。因为这种以自我为中心的恶性自恋，一旦在国家民族自尊等合理化的外衣下滋长，就可能根深蒂固，不可动摇。而一旦有某种力量要撼动这种病态的信念，那么战争就将随之而来。

我很想以单纯的心态去看待战争。我承认在人类历史中确实存在过为了道德正义而不得不发动的战争，虽然这样的情况寥若晨星。但即使是这样，我也仍认为“不要为了目的，而不择手段”，这是一个放之四海而皆准的伟大道德原则。

我们这一“文明”的国家就是这样变成邪恶之国的。不仅美国是这样，其他的国家也是这样；不仅过去如此，未来可能仍将如此。除非我们能连根铲除人性中恶性自恋的毒瘤，否则战争无法避免。

勇敢地面对谎言

恶性自恋的人缺乏面对真实自我的勇气，所以，才会选择用谎言来自欺欺人。与此同时，恶性自恋的人害怕改变，所以，才会疯狂地去改变和控制别人，甚至不惜屠杀无辜的生命。不管是对个人，还是集体，抑或是整个国家，勇气都是一个关键词。只有勇敢地面对自己的问题，才能解决问题；只有勇敢地面对谎言，才能忠于事实。

美莱村的屠杀事件从表面上看，是一种凶残的行为，但其实质则是一种懦弱的表现，因为他们缺乏面对自己的勇气，不敢承认集体存在的问题，才将矛盾转移到外面虚假的敌人身上。当然，美莱村的屠杀事件并不是一个偶然的突发事件，邪恶并不只是在 1968 年的某一清晨在地球的某一隅爆发了一次而已，这种邪恶可能随时出现在世界各地的任何一处。同样，邪恶不仅出现在军队，它也会出现在任何人身上。

总之，不能勇敢面对自己的问题，就容易产生邪恶。

在父母与儿子之间，鲁克的父母不能勇敢地面对自己的问题，结果就会压制鲁克，把鲁克培养成了一具行尸走肉。在夫妻之间，桑德拉不敢面对自己的心理问题，才会去控制亨利，增加亨利的依赖感。同样，雪莉不敢正视自己童年的问题，才会变得恶性自恋。相反，黛西是勇敢的，她敢于面对自己的问题，最终才克服了自己强烈的依赖心理，摆脱了母亲的束缚，开始了心智成熟的旅程。乔治是勇敢的，他敢于承受人生正常的痛苦，最后才避免心理疾病的痛苦。

我一再强调，心理治疗的过程，是一个揭穿谎言的过程。揭穿谎言需要勇气，那么，勇气从何而来呢？勇气来源于爱。爱能给我们勇气，去对抗一切谎言和邪恶。实际上，那些不敢面对谎言的人，都是因为童年时缺乏了爱。一个人如果心中缺失了爱，他就没有勇气去直面内心的痛苦，就会用谎言来逃避。相反，只要人的心中拥有了足够多的爱的力量，他就能勇敢地去面对人生道路上的任何艰难险阻。为什么母亲能够用生命去拯救新生的婴儿呢？是爱给了她勇气。当我们审视本书中每一个邪恶的人，不难发现，正是因为缺少爱，他们才没有勇气去战胜谎言。在我多年的心理治疗生涯中，我渐渐悟出：爱，而且只有爱，才能给我们最终战胜谎言的勇气。而一旦心里有爱，任何心理疾病都无法侵袭你，任何邪恶都无法靠近你。

有一位与邪恶交战数年的老神父说过一段话。在这段话中，他对“爱的力量”进行了生动形象的阐释。他说：“对付和战胜邪恶的方式不一而足，但是，这些方式均只是真理的一部分。只有用爱心去融化邪恶，才是战胜邪恶的唯一根本之道。一旦邪恶成为棉花中的血液或深入内心的矛刺，那么邪恶便丧失力量，再无用武之地了！”

凡是心理有问题的人，都是心中缺乏爱的人，而圣人的心中拥有无限的爱。心理治疗一方面是为了驱除内心的谎言，鼓励人说真话，另一方面则是为了激发人爱的力量。因为爱能够让我们勇敢地面对自己，接纳自己，并努力地去拓展自己。正因如此，心理治疗既是一条通往心智成熟的道路，也是一条成为圣人的道路。

《少有人走的路：心智成熟的旅程（白金升级版）》

[美]M·斯科特·派克 著

全球畅销3000万册！张德芬、赵薇、任志强、杨幂、吕良伟、倪妮、柯云路、陈冲、许巍等名人感动推荐。或许在我们这一代，没有任何一本书能像《少有人走的路》这样，给我们的心灵和精神带来如此巨大的冲击。本书在《纽约时报》畅销书榜单上停驻了近20年的时间，创造了出版史上的一大奇迹。

《少有人走的路2：勇敢地面对谎言（白金升级版）》

[美]M·斯科特·派克 著

我们知道，谎言的本质是掩盖真相。从本质上来看，人之所以掩盖真相，是不愿意承受面对问题和解决问题所带来的痛苦。在逃避问题和痛苦的过程中，人会颠倒是非，混淆黑白，变得疯狂和邪恶。所以，邪恶是由颠倒是非的谎言产生的。勇敢地面对谎言，就是要让我们勇敢地面对真相，不逃避自己的问题，承受应该承受的痛苦，承担应该承担的责任。唯有如此，我们的心灵才会成长，心智才能成熟。

《少有人走的路3：与心灵对话（白金升级版）》

[美]M·斯科特·派克 著

《少有人走的路3》讲的是：人生错综复杂。

每个人都必须走自己的路。生活中没有自助手册，没有公式，没有现成的答案，某个人的正确之路，对另一个人却可能是错误的。人生错综复杂，我们应为生活的神奇和丰富而欢喜，而不应为人生的变化而沮丧。生活是什么？生活是在你已经规划好的事情之外所发生的一切。所以，我们应该对变化充满感激！

心灵书坊

《FBI教你破解身体语言》

[美]乔·纳瓦罗 马文·卡尔林斯 著

美国FBI超强阅人术，让你第一时间看透对方。与陌生人初次见面，如何在一开始谈话的几分钟内了解这个人？如何与对方拉近距离？如何找到对方喜欢的话题？……听听FBI首席专家的建议吧！

《这些年，我们都忘了爱自己》

[美]里克·汉森 著

《这些年，我们都忘了爱自己》是一本关爱自己的练习册。在这本温暖人心的小书里，流淌着关爱、感动、鼓舞和智慧。它将带领我们重新踏上爱自己的旅程，去寻找那个真实的自己。

《权力最终属于有自控力的人》

[美]保罗·哈莫尼斯 玛格丽特·摩尔 著

掌控世界从掌控自己开始;掌控自己从提升自控力开始。美国哈佛大学心理学教授保罗·哈莫尼斯，在本书中运用大脑科学和心理学研究成果，创立了一套完整的自控力法则。这套法则可以帮助你理顺大脑，理顺内心，提升自控力，由内而外掌控自己的工作、生活和命运。

《不与自己对抗，你就会更强大》

[美]克里斯托弗·肯·吉莫 著

近年来世界范围内最好的一本心灵书！

哈佛医学院心理学大师吉莫博士，以他几十年从业心得和人生智慧告诉我们：跟自己过不去，是很多人痛苦的根源；如果你温柔地对待痛苦，痛苦就会温柔地对待你；别人的同情会让自己显得弱小，自我同情则会让我们变得强大。

心灵书坊

《接纳不完美的自己》

[美]黛比·福特 著

《秘密》《零极限》作者极力推荐的书！每个人都有不完美的一面，每一面都对应着一个生命礼物，比如：懦弱有时会让你避开风险，冲动鲁莽则可能带给你向前冲的勇气。不完美，也是生命的一部分，只有真心拥抱它，生命才算完整。

《每天都是一个新开始》

[美] 卡伦·卡西 著

全球畅销30年，销量达650万册，翻译成24国语言。

本书作者卡伦·卡西将告诉你，我们拥有的最好礼物是现在，每一天都是新的起点；我们是平凡而又非凡的生命个体；失败与挫折是生活的一部分，但不是生活的全部，它们让我们成为现在的自己。

《承认不完美，心灵才自由》

[美]厄尼斯特·科兹　凯撒琳·凯逊 著

身体因快乐而结合，心灵因痛苦而靠近！

每个痛苦的人心中都有两个我：一个不完美的我；一个完美的我。承认不完美，我们就能找回真实的自我，心灵才会因此而得到解放。

《注意！有人在盯着你》

[美]加文·德·贝克尔 著

一个平日对你笑眯眯的人，可能是想陷害你的人；一个费力讨好你的陌生人，可能是图谋不轨的人。如何辨别一个人是好人还是坏人呢？如何让自己远离危险呢？美国总统安全顾问加文·德·贝克尔将告诉你：每个人都有识别危险的能力，只要学会使用这种能力，即使坏人把自己藏在好人堆儿里，你也能把他揪出来。